[英] 温斯顿·丘吉尔—著　　李国庆等—译

CHURCHILL'S MEMOIRS OF WORLD WAR II

丘吉尔二战回忆录

欧陆沦陷

SPM 南方传媒 | 广东人民出版社

·广州·

图书在版编目（CIP）数据

欧陆沦陷 /（英）温斯顿·丘吉尔著；李国庆等译.
广州：广东人民出版社，2024. 8. --（丘吉尔二战回忆录）. -- ISBN 978-7-218-17962-9

Ⅰ. K835.167=5；K152

中国国家版本馆 CIP 数据核字第 2024DD4181 号

QIUJI'ER ERZHAN HUIYILU · OULU LUNXIAN

丘吉尔二战回忆录·欧陆沦陷

［英］温斯顿·丘吉尔 著　李国庆等 译

出 版 人： 肖风华

责任编辑： 范先鋆　唐　芸
责任技编： 吴彦斌
封面设计： 贾　莹

出版发行： 广东人民出版社
地　　址： 广州市越秀区大沙头四马路 10 号（邮政编码：510199）
电　　话：（020）85716809（总编室）
传　　真：（020）83289585
网　　址： http://www.gdpph.com
印　　刷： 三河市人民印务有限公司
开　　本： 787 毫米 × 1092 毫米　1/16
印　　张： 12　　**字　　数：** 173 千
版　　次： 2024 年 8 月第 1 版
印　　次： 2024 年 8 月第 1 次印刷
定　　价： 68.00 元

如发现印装质量问题，影响阅读，请与出版社（020-87712513）联系调换。
售书热线：（020）87717307

《丘吉尔二战回忆录》 译者

（排名不分先后）

李国庆　张　跃　栾伟霞　曾钰婷　刘锡赟　张　妮
李楠楠　汤雪梅　赵荣琛　宋燕青　赖宝滢　张建秀
夏伟凡　王　婷　江　霞　王秋瑶　郑丹铭　姜嘉颖
郭燕青　胡京华　梁　楹　刘婷玉　邓辉敏　李丽枚
郭轶凡　郭伊芸　韩　意　李丹丹　晋丹星　周园园
王瑨珽

战争时：　意志坚定

战败时：　顽强不屈

胜利时：　宽容敦厚

和平时：　友好亲善

致谢

在此，我必须再一次向协助我完成第一卷书①的人表示感谢，他们是：陆军中将亨利·波纳尔爵士、艾伦海军准将、迪金上校、爱德华·马什爵士、丹尼斯·凯利先生和伍德先生。我也要感谢很多帮忙审阅原稿并给出意见的人。

伊斯梅勋爵和我的朋友也一直在帮助我。

我还要感谢英王陛下政府准许我复制那些官方文件，按照法律，这些文件的王家版权归英王陛下政府文书局局长所有。为了安全起见，我谨遵英王陛下政府的要求，将本卷②出现的一些电报进行了改写，但这并未改变其语气和本质。

---

① 原卷名为“铁血风暴”，现分为《愚行与危机》《进逼与绥靖》《从蚕食到大战》《晦暗的战局》以及《欧陆沦陷》第一章。——编者注

② 原卷名为“最光辉的时刻”，现分为《欧陆沦陷》《坚决抗争》《孤军奋战》《纵横捭阖》以及《海陆鏖战》前两章。——编者注

前 言

在本卷（《欧陆沦陷》《坚决抗争》《孤军奋战》《纵横捭阖》，以及《海陆鏖战》前两章）所涉及时期内，我肩负着重任。我身为首相，同时兼任第一财政大臣、国防大臣和下议院议长。起初的四十天里，我们是孤独的。当时，德国大胜；意大利向我们发动致命一击；日本于我们而言又是潜在的未知威胁。然而，英国战时内阁在议会、政府、英联邦和帝国的支持下，坚定不移地效忠于英王陛下并出色地完成了各项任务，最终战胜了我们所有的敌人。

温斯顿·丘吉尔

于肯特郡，韦斯特勒姆，恰特韦尔庄园

1949 年 1 月 1 日

目录
CONTENTS

第一章
ONE
政府倒台

5月7日的辩论——信任投票——劳合·乔治先生的最后一击——对首相的劝谏——5月9日的会议——德国的进攻——5月10日和首相的谈话——荷兰的苦难——张伯伦先生提出辞职——英王邀我组阁——工党与自由党入阁——事实与梦想

在短暂的挪威战役中发生了许多令人失望的和不幸的事件，在国内引起了强烈的不安和混乱，即便是那些战前最迟钝愚昧和对时局漠不关心的人，现在情绪也变得愈来愈激昂，愈来愈义愤填膺。反对党要求就战争形势进行辩论，经过安排，辩论于5月7日进行。下议院坐满了极度愤怒而又十分悲痛的议员。张伯伦先生的开场白并不能遏制住人们对他的不满和敌意。在一片嘲讽和讥笑中，大家不停地打断着他的讲话，让他回想一下自己在4月5日发表的演说，以及当时他在那个场合所做的草率表态："希特勒已经错失了良机。"在这次讲话中，他还解释了我的新职位，并说明了我和三军参谋长的关系。在回答赫伯特·莫里森先生提出的有关挪威战役的质询时，他明确表示，我在挪威战役期间并没有掌握这些权力。下议院的执政党和反对党的成员一个接着一个地攻击政府，尤其是攻击首相，言辞非常刻薄，态度咄咄逼人，而且还博得了整个下议院的喝彩，欢呼声越来越热烈。急于在新的战争中崭露头角的罗杰·凯斯元帅，言辞尖锐地批评了海军参谋部未能攻下特隆赫姆一事。罗杰·凯斯元帅说："当我看到局势变得如此恶劣，我便一再请求海军部和战时内阁，让我负起全部责任，领导舰队作战。"他身穿海军元帅制服，以详细的技术性的资料为依据，以专家权威的姿态，为反对党的指责助威打气，非常迎合当时下

议院的激愤情绪。坐在政府后面席位上的艾默礼先生，在响彻下议院的一片欢呼声中，引用了克伦威尔曾经在长期议会上说的几句傲慢的话："就你们的所作所为，已经坐在这里够久了。要我说，你们快离开吧，让我们从此一刀两断！看在上帝的份上，滚吧！"这么粗俗无理的话居然出自我多年的朋友兼同僚之口，出自一位同是伯明翰议员、声名显赫且经验丰富的枢密顾问官之口，真是令人痛心。

5 月 8 日，辩论继续进行。赫伯特·莫里森先生以反对党的名义，宣布要求举行信任投票。首相站了起来，同意接受这场挑战。发言中，首相呼吁他的朋友继续给予他支持，他说他认为自己有权这样做，因为在过去，这些朋友无论在他决定采取行动或是不采取行动的时候，都是一如既往地支持他。在"德军如蝗虫般越过边境侵犯别国的日子"里，这些朋友和他并肩一起承担责任。然而今天，他的朋友们却坐在那里窘迫不安，缄默不语，有些人甚至还加入了敌对阵营，对他恶语相向。那天，劳合·乔治先生在下议院做了最后一次具有决定性作用的干预性发言。在不到二十分钟的演讲中，他对政府首脑进行了尖锐的批判。他竭力为我开脱，说："我认为挪威所发生的一切不是海军大臣一个人的责任。"我立即插话说道："我应为海军部所做的一切负全责，我也愿意承担所有责任。"劳合·乔治先生警告我不要为了保护同僚而把自己变成了防空洞，遮挡向同僚射来的所有炮弹。而后又将矛头指向了张伯伦先生，说："问题不在于谁是首相的朋友，现在我们面临的是更为重要的问题。首相曾经号召大家要有牺牲精神，全国上下也做好了牺牲一切的准备，但人们这样做的前提是国家要有人进行正确领导，政府必须明确自己的目标，要让全国人民相信他们在全力以赴地努力奋斗。"他以下面的话结束了演讲："我在此郑重请求首相应当以身作则，率先做出牺牲。在这场战争中，没有比首相牺牲自己的职位，更能对战争的胜利做出贡献了。"

作为内阁成员，大家都团结一致。陆军大臣和空军大臣都已经发言了，我自告奋勇做了结束辩论的演说。这也是我的职责所在，我这么做不仅仅是为了效忠我的上司，更是因为我在军事力量不足的情况下，对冒险救援挪威这一事件负有主要责任。尽管工党反对党人屡次三番打断我的讲话，言辞激烈，咄咄逼人，但是我依旧竭尽所能争取让政府重新控制下议院。我想起了工党多年前曾错误地奉行危险的和平主义，甚至在战争爆发的四个月前还坚决反对实行征兵，因此，我认为有权对政府提出批评意见的是我本人和少数与我志同道合的朋友，而绝不是工党。每当他们打断我的发言，我就立刻反唇相讥并加以挑衅，有好几次喧嚣声震耳欲聋，淹没了我的发言。但自始至终可以很明显地看出，他们的怒火并非冲我而来，而是针对首相。我尽了最大努力，不顾其他一切考虑，为首相进行辩护。到晚十一点钟我坐下时，下议院开始投票。政府赢得了八十一票的多数票，但是还有超过三十个保守党人投票支持工党以及自由党，另有六十个保守党人弃权。从这次辩论和投票表决中，可以一窥下议院对张伯伦先生及其政府的极度不信任，即便不是在形式上，但事实上的确已表露无遗了。

辩论结束后，张伯伦把我叫到他的房间。一进门我就感觉到下议院对他的强烈不满引发了他非常严肃的思考。他觉得自己无法继续任职，现在应当建立联合政府，因为，仅凭某个政党已无法担此大任。现在必须有人出来组织一个由各个政党共同参与的政府，否则，我们就无法渡过难关。我深感过去对有关争端问题所持的立场是极其正确的，那些充满敌意的辩论又激励了我，因此我坚决倾向于要继续战斗下去。我告诉张伯伦先生："虽然这场辩论对我们造成了伤害，但你依然获得了大多数人的支持，况且挪威的局势实际上要比下议院所描述的要好，因此不要为这件事过于伤心。你应该从各个方面加强政府的能力，让我们继续奋斗，除非大多数人都背弃我们，认为我们不再适合继续领导这个国家，否则我们就决不停止。"我所说的话内容大概如此，但张伯伦先生并没有因此而感到信服或得到安慰。我于午夜时分离开了他的办公室，心里感到，如果没有其他出路，张伯伦一定会果断牺牲自己的首相职位，而不愿由一党组成的政府来继续领导作战。

5 月 9 日早晨所发生的事情我现在已记不清了，只记住了下面的事情。空军部长金斯利·伍德爵士是首相的同事兼朋友，两人关系十

分密切，他们长期共事，互相信赖。我从他那里得知，张伯伦先生已决定要建立一个联合政府，如果无法继续担任首脑，他将让贤给他所信任而且能胜任的人。那天下午，我感到自己极有可能会被委命担此大任。但这种前景既没有使我感到兴奋紧张，也没有让我惊慌失措。我认为目前最好的解决办法便是顺其自然，听任形势的发展。下午首相叫我去唐宁街 10 号，在那里我见到了哈利法克斯勋爵，一起讨论了一会儿整体的时局后，我们得知艾德礼先生和格林伍德先生几分钟后将与我们见面，一同议事。

当他们抵达时，我们三位阁员与反对党领导人面对面就座于会议桌两边，双方都十分客气。张伯伦先生强调了组建一个联合政府的迫切性和重要性，并询问工党是否有意在他的领导下效力。当时工党正在伯恩茅斯开会，毫无疑问，工党领导人在没有询问自己党内人士意见之前，是不会做出任何承诺的，但是他们毫不隐讳地暗示我们，工党的反应可能不容乐观，说完就告辞了。还记得那天下午风和日丽、阳光明媚，我与哈利法克斯勋爵坐在唐宁街 10 号的花园里随便闲聊了会儿。随后，我就返回了海军部，从晚上一直到深夜，忙着处理繁重的事务。

*　　*　　*

5 月 10 日破晓时分，传来了一个令人震惊的消息。装着电报的信盒络绎不绝地从海军部、陆军部和外交部送到了我这里。德国人终于发动了他们蓄谋已久的战争。荷兰和比利时同时遭到进攻，两国防线多处被攻破。德国军队侵略低地国家和法国的整个行动开始了。

大约十点钟，金斯利 · 伍德爵士前来拜访我，告诉我说，鉴于现在大战临头，张伯伦先生觉得自己似乎有必要继续留任；而金斯利 · 伍德告诉他，情形恰恰相反，新的危机之下，反而更有必要组建一个联合政府，只有团结一致的政府才能抵御危机；金斯利 · 伍德还说，张伯伦先生已经接受了他的意见。十一点，首相再次召我去唐宁

街10号。哈利法克斯勋爵也已经在那里了。我们在首相对面坐了下来。张伯伦先生说，他深知自己没有能力组建联合政府，工党领袖给他的回复更让他确信了这一点。因此，现在的问题是在他的辞职获批之后，应当向国王举荐谁来接此大任。他的态度十分冷静，从容不迫，似乎完全没有考虑个人因素。他坐在桌子对面一边说一边望着我和哈利法克斯勋爵。

在我的政治生涯中，我曾有过许多次重要的谈话，而这确实是最重要的一次。通常情况下我都是滔滔不绝，但这次我却是缄默不语。很明显，张伯伦先生心里还记得前天夜晚下议院唇枪舌剑的情景。当时我还和工党针锋相对，争执得似乎非常激烈。虽然这么做是为了支持并维护张伯伦先生，但张伯伦却认为在这个关键时刻这可能会妨碍我取得工党的拥护，接任他的职位。我不记得他的原话了，大概意思就是如此。他的传记记者费林先生明确表示，张伯伦更偏向于选择哈利法克斯勋爵作为他的继承人。和张伯伦的谈话中断了很长一段时间，我一直保持沉默，沉默的时间似乎比休战纪念日①的两分钟静默还要久。过了一会儿，哈利法克斯勋爵开口了。他说身为贵族，他不能在下议院任职，因为如果出任首相，就要履行首相职责所要负责的事务，而自己无法领导下议院。众所周知，每个政府都需要倚靠下议院的支持，在当前的战争期间更是如此。因此，如果让他做首相，想要履行首相职责会举步维艰。围绕这一观点哈利法克斯勋爵说了好几分钟。话音刚落，我就清楚地知道这个责任是要落在我的肩上了。事实上，重担也真的落在了我的身上。于是，我开始发言。我说在没有收到国王组建新政府的命令之前，我不准备与反对党的任何一党交换意见。这次重要的会谈就这样结束了，我们又恢复了轻松随意的氛围。我们共事多年，无论在朝还是在野，都是在英国政治舞台上友好的气氛中度过的。随后我便返回了海军部，不用想也知道，那里又有一大堆事

① 11月11日是英联邦国家的一战停战纪念日，也称“阵亡将士纪念日”，以纪念阵亡将士。——译者注

务在等着我处理。

荷兰的多位阁员正等在我的办公室。他们刚刚从阿姆斯特丹飞抵英国，面容憔悴，疲惫不堪，眼中写满了惊恐。大炮、坦克蜂拥而至，碾过了他们的边境，战火遍地燃烧。当荷兰人民奋起反击、边防部队开炮抵御时，大量敌机铺天盖地接踵而至，攻势锐不可当。荷兰全国上下惊恐不安，已陷入了一片混乱之中。他们立即实施了准备已久的防御措施，凿开水坝让水流喷涌而出，一泻千里。但是德国人已经冲破了外部防线，现在正沿着莱茵河的堤岸长驱直入。须德海的堤岸也岌岌可危。我们能够做些什么来阻止德军吗？所幸，我方在不远处驻有一支小型舰队。我们立即下令命它轰炸堤岸，给蜂拥而来的敌军侵略者以沉重打击。荷兰女王仍留在国内，但似乎她在那里也不会待很长时间了。

经过反复讨论，海军部向附近的所有舰艇接连下达了命令，并与荷兰皇家海军建立了密切关系。荷兰的阁员们，虽然对德军近日对挪威与丹麦两国的暴行记忆犹新，但似乎还是无法理解，伟大的德国直到战争爆发前夕还对荷兰一味地表示友谊，说的都是些冠冕堂皇的话，信誓旦旦地要遵守条约，尊重荷兰的中立立场，为何转眼间就发动了如此骇人听闻、残忍之至的侵略战争。我花了一两个小时的时间来处理这些事情和其他公务。电报如潮水般地从受到德军进攻影响的国家纷至沓来。德军原定的施里芬计划，为了配合新的形势已经扩展到了荷兰。1914 年，德国入侵部队的右翼军采取迂回作战横扫比利时，但在荷兰边界停止了进攻。当时，众所周知，如果战争延迟三到四年，德国额外的部队就能蓄势待发，铁路全线和其他交通线也能改造就绪，那么进攻荷兰就是指日可待了，但对此情况当时并无人给予重视；而现在所有这些条件都已准备就绪，适合突袭和奇袭的环境也已具备，这场著名的运动战就要开始了，而其他的准备工作在此之前也早就开始了。这次敌人进攻的决定性的打击不是采用侧翼迂回战术，而是突破主力前线。对于这一点，我们和法军指挥官都没有预料到。今年上半年，我曾在一篇发表了的访谈记录中，分析了敌人的兵力调动、公

路和铁路的发展和已经截获的德军计划，据此警告过那些中立国家，指出即将发生在他们国家的命运。但我的话却引起了他们的厌恶和反感。

在这场浩劫引起的巨大的震动中，唐宁街10号进行的那次安静的谈话在我的心目中已经淡去或完全消失了。但我还记得有人告诉我说张伯伦先生已经或打算去觐见国王，这不用说我也料得到。不久，我接到一个通知，要我六点入宫。从海军部出发，驾车沿着林荫小道行驶只要两分钟就能到皇宫。虽然我估计晚报肯定会大肆报道从欧洲大陆传来的可怕消息，但是对内阁危机晚报则只字未提。公众还没有充分的时间去了解国内外发生的事情，所以在皇宫门口也没有等候的人群。

我立即被带去参见国王。国王陛下十分热情地迎接了我，要我坐下。他用探寻而又好奇的眼神看了我许久，然后对我说："我想你还不知道为什么我要找你来吧?"我顺着他的话说："陛下，我实在猜不出原因。"他大笑着说道："我想让你组建政府。"我说我一定遵命。

国王没有规定新组建的政府必须是联合政府，所以我认为这与我的任命并没有什么直接联系。但是鉴于已经发生的一切和由此引发的张伯伦先生辞职来看，显然，建立一个多党联合的新政府更加符合目前的局势。如果无法与反对党的各个党派妥协，那么根据宪法，我也可以不受宪法约束，在国家的危急关头联合所有愿意在国家危难时刻挺身而出的人士，尽我所能建立一个最为强大的政府，当然，前提是要获得下议院多数人士的信任。我告诉国王我将立即与工党和自由党领袖会面，建立一个由五到六名阁员组成的战时内阁，同时我希望在午夜前告诉他至少五位人选的名单。之后，我便告辞回到了海军部。

当晚七八点钟，艾德礼先生应邀来看我。与他一起来的还有格林伍德先生。我告诉他我已奉命组建新政府，并问他工党是否愿意加入，他回答说愿意。我提议他们在政府中应该占三分之一以上的席位，在五人或者可能是六人组成的战时内阁中，应占两个职位。我请艾德礼先生草拟一份人员名单以便讨论具体职务的安排。我提到了贝文先生、

亚历山大先生、莫里森先生以及多尔顿先生，他们都是急需的高级官员人选。当然，我与艾德礼先生和格林伍德先生在下议院相识已久。在战争爆发前的十年里，我的职务或多或少处于独立状态，与保守党还有联合政府有过冲突和矛盾，但与工党、自由党发生的摩擦则少得多。我们进行了短暂而又愉快的会谈，然后他们便告辞离开，致电伯恩茅斯的朋友和追随者，告诉他们这一消息。当然，他们在此前的四十八小时里也保持着最为密切的联系。

我邀请张伯伦先生出任枢密院大臣一职，领导下议院，他在电话里欣然同意，并打算在当晚九点发表广播演说，声明自己已辞去首相一职，并呼吁全国人民能够支持、拥护下一任首相。他用十分宽容大度的措辞公布了这些消息。我邀请哈利法克斯伯爵加入战时内阁，并连任外交大臣。大约晚上十点，我如约向国王呈交了一份五人名单。其中三位大臣的人选都非常重要，我心中已经做好了决定：由艾登先生掌管陆军部，亚历山大先生掌管海军部，阿奇博尔德·辛克莱爵士作为自由党领导人应当接管空军部。此外，我兼任国防大臣，但我不打算规定它的职责范围和权力大小。

就这样，5 月 10 日晚，在这场浩劫拉开帷幕之前，我获得了主持国政的大权，在之后长达五年三个月的世界大战中，我的权力日益扩大，然而等我们所有的敌人都已经无条件投降或是打算无条件投降时，英国选民随即解除了我的职务，使我不能再处理国家事务了。

在这次政治危机最后几天忙乱的日子里，我的心情始终都很平静。命运给予的一切，我都坦然接受。在这本真实的传记中，我不能对我的读者有丝毫隐瞒，我必须告诉你们，在凌晨三点上床睡觉时，我感到如释重负，我终于获得指挥全局的大权。我感觉仿佛是在与命运之神一同前行，仿佛我过去的生活都只是为这一刻所要接受的考验而奏响的前奏。十年的政治在野生活使我摆脱了政党之间常有的敌对情绪。在过去的六年中，我所提出的警告，现在都不幸言中，因此谁都不应该对我非难，不应该因为战争的爆发和缺乏对战争的准备而对我横加指责。我认为我对战争有着全面的认识，确信自己不会失败。所以，

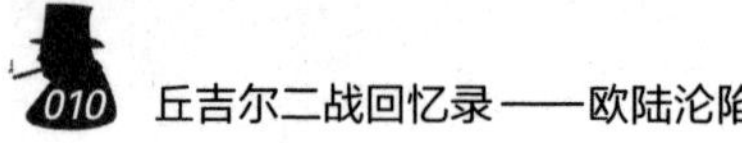

虽然迫切地盼望第二天早晨的到来，但我却整夜酣眠，无须去梦中寻找令人振奋的梦想，因为现实比梦想还要美。

第二章

TWO

全国联合

开始和结局——新内阁的组成——一次奇怪的经历——大战方酣时组织政府——闲话权力——新的作战指挥机构的本质和形式——三军大臣责任的改变——参谋长委员会的稳定——自1941年至1945年，除一人死去外，没有其他变动——高层机关中，政治家和军人亲密无间——我同罗斯福总统的关系——“热血、辛劳、眼泪和汗水”

现如今，暴风雨终于向我们袭来，夹杂着压抑许久的愤怒。这是一场空前残酷的战争，随着它的第一声枪响，四五百万将士在前线集结。不到一周，那条我们在一战至二战初期赖以栖身的法国前线，便会如秋风扫落叶般土崩瓦解。三周之内，久负盛名的法国陆军便会溃不成军，英国远征军也将丢盔弃甲，尸沉大海。无须六周，我们便会陷入孤立无援之境，很快缴枪投降。届时，德、意两国必定欢欣鼓舞，继而控制我们的命脉，整个欧洲也将落入希特勒的魔爪，而地球另一端的日本也必将虎视眈眈。正是在危机逐渐逼近的形势下，我接任大英帝国首相兼国防部长，并迅速投身于继任后的第一项任务中去，即联合所有政党，组建战时内阁，并不惜一切手段，以国家利益为着眼点，投身于英王委派的各项国内外任务中去。

历经五年，所有的这一切才得以慢慢好转。意大利投降，墨索里尼被枪决。强大的德国军队无条件投降。希特勒也已自杀身亡。艾森豪威尔上将俘获无数。与此同时，仅在二十四小时内，两位陆军元帅亚历山大和蒙哥马利分别在意大利和德国受降将近三百万德国士兵。法国已宣告解放，整个国家得以重建和复兴。我们与盟国——世界上最强大的两个帝国——携手并进，迅速粉碎了日本法西斯。我们所取得的成就有目共睹，但过程却是漫长、艰辛且危机四伏的。所有为之付出生命的人们并没有白白牺牲，而那些坚持到最后的人们必将为他们曾经的努力而自豪。

*　*　*

为了描述全国联合政府在我执政期间所创造的神话，我有必要先阐明英国本土及大英帝国——这一在面对困境却愈发团结的帝国，在这场最终上升为许多国家为之共同奋斗的事业中所付出的大量心血。当然，我这么做的目的并不是为了在我们最伟大的盟友——美国面前自吹自擂，也并非要与其进行无谓的比较。对于美国，我们只有无尽的、永恒的感恩。我之所以将英国在这场战役中所做的贡献公之于众，是因为这一切符合所有英语世界国家的共同利益。为此，我做了一张覆盖二战不同时期的表格。如表所示，1944 年 7 月之前，大英帝国在与敌军交火中投入的师远多于美国。这一粗略数据不仅涵盖了欧洲及非洲战区，还包括在进行抗日战争的亚洲战区。众所周知，1944 年，大批美军登陆诺曼底，在此之前，英国在除太平洋和大洋洲战区外的其他战区都享有平等的，甚至通常情况下是绝对的话语权；英军集结情况也一直如此，在各战区占据主导地位。1944 年 7 月起，从与敌军交火的部队可以看出，美军投入的兵力逐渐增多，并逐渐在各战线占据主导地位，连战连捷，直至十个月后取得最终胜利。

与敌军交火的地面部队的所占比例

（以师为单位）

	大英帝国			美国		
	西方战区	东方战区	总计	西方战区	东方战区	总计
1940 年 1 月 1 日	5%	—	5% ①	—	—	—
1940 年 7 月 1 日	6%	—	6%	—	—	—
1941 年 1 月 1 日	10%	—	10% ②	—	—	—

续表

	大英帝国			美国		
	西方战区	东方战区	总计	西方战区	东方战区	总计
1941 年 7 月 1 日	13%	—	13%	—	—	—
1942 年 1 月 1 日	7%	7%	14%	—	2%	2%③
1942 年 7 月 1 日	10%	4%	14%	—	8%	8%
1943 年 1 月 1 日	10%	8%	18%	5%	10%	15%
1943 年 7 月 1 日	16%	7%	23%	10%	12%	22%
1944 年 1 月 1 日	11%	12%	23%	6%	9%	15%
1944 年 7 月 1 日	22%	16%	38%	25%	17%	42%
1945 年 1 月 1 日	30%	18%	48%	55%	23%	78%

①英国驻法远征军。

②不包括在埃塞俄比亚的游击队。

③不包括菲律宾军队。

东方战区和西方战区的分界线在一条通过卡拉奇的南北线上。

以下各地没有纳入作战地区：

印度西北边境、直布罗陀、西部非洲、冰岛、夏威夷、巴勒斯坦、伊拉克、叙利亚（1941 年 7 月 1 日除外）。

马耳他岛作为一个作战地区；从 1942 年 1 月到 1943 年 7 月，阿拉斯加也作为一个作战地区。

外国分遣队——如自由法国人、波兰人、捷克人，没有包括在内。

另外一个对比显示：就这场战争中的死亡人数来看，英国本土及整个大英帝国在战争中牺牲的人数甚至比我们英勇的各盟国损失的总数还要多。二战期间，英国死亡、失踪、被认定为死亡的士兵数达到三十万三千两百四十人，加上来自各自治领、殖民地以及印度的十万九千人，总计四十一万两千两百四十人，其中不包括在大不列颠空袭中丧生的六万零五百名平民以及三万名商船船员和渔民。与之相对，美国在战争中死亡的陆军、空军、海军、海军陆战队员，以及海岸警

备队员共计三十二万两千一百八十八人①。我之所以援引这份沉重而光荣的名册，是因为我坚信这份用无数宝贵鲜血浇灌的友谊必将继续受到人们的尊崇并鼓舞英语国家的人民。

海战方面，美国自然而然地承担起太平洋战争的使命。1942 年，一系列决定性的战役，如中途岛战役、瓜达尔卡纳尔岛战役以及珊瑚海战役为他们赢得了太平洋战区的绝对主动权，粉碎了日本的一次次进攻并最终征服日本。由于美国无法同时兼顾大西洋及地中海战区的重任，我有必要再次阐明英国的重要作用：在欧洲战区、大西洋以及印度洋战区，共计七百八十一艘德国潜艇和八十五艘意大利潜艇被击毁，其中五百九十四艘归功于英国海军及空军力量。此外，英国除摧毁或俘获意大利所有舰队外，还摧毁了德国全部战舰、巡洋舰和驱逐舰。下表说明了潜艇损毁情况。

潜艇损毁情况表

摧毁方	德国	意大利	日本
英军	525	69	9½
美军	174	5	110½
别国军队或未知原因	82	11	10
共计	781	85	130
潜艇损毁总数为 996 艘			

* 表中的“英军”和“美军”还包括两国指挥的盟军。表中的零头表示该舰被合力击毁，这样的情况有很多，但在表中德国被摧毁潜艇一栏，零头凑成整数。

空战方面，美国同样投入了强大兵力，尤以白天作战的“空中堡垒”轰炸机为代表。从珍珠港事件过后，美军便最大规模地派遣轰炸机加入对日作战，并在不列颠群岛抗击德国。然而，事实上，在 1943 年 1 月的卡萨布兰卡会议之前，美国从未在白天对德国进行轰炸。不

① 《欧洲十字军》，第 1 页。

久之后，美国投入大量战力并取得成效，但是1943年底之前，英国对德国投掷的炸弹总和为美国的八倍，这一形势直到1944年春才发生转变。英国从二战一开始便从海、陆、空三线全面参战，而相比之下，直至1944年，美国投入的战力才赶超英国。

我们有必要铭记，受益于美国的慷慨，1941年“租借法案”实施初期，我们的军需品供应便增加了五分之一。凭借美国提供的物资和武器，我们在战争中仿佛从一个四千八百万人口的国家壮大成五千八百万人口的国家。运输方面，自由轮的大批量建造让美国提供的物资得以顺利横渡大西洋。同样值得铭记的还有，战时所有国家因敌军攻击而损失的舰只数量。下面是具体数字：

国别	损失船舶总吨位	百分比
英国	11357000	54
美国	3334000	16
其他所有国家（敌军控制范围外）	6503000	30
共计	21194000	100

以上损失的船舶中，有百分之八十发生在大西洋，其中包括英国近海以及北海，只有百分之五的损失发生在太平洋。

我之所以记录下这些史实，并不是为了去邀功，而是想为这个小岛上通过各种方式在战争中做出巨大牺牲的人们赢得该有的尊重，因为在这场世界性灾难中，他们承载了历史赋予的使命。

* * *

相比于和平年代，内阁，尤其是联合内阁的组建在硝烟弥漫的激战时刻可能更显容易。人们的责任感至上，个人诉求退居其次。当我把大致的安排同其他各党的领袖们协商后，所有我邀请的人（在得到各自组织的正式授权后），就像作战中的士兵一样，都义无反顾地即刻走马上任。在确定内阁的基本框架后，我发现，在我所要会见的大批人士中，从未有一人抱有私心。即便少数人对新内阁的组建有所质疑，也都是由于心系大众。这种崇高的精神在保守党和全国自由党的许多大臣身上体现得淋漓尽致，因为他们不但要抛弃自己的事业，还要放弃自己原有的职位，并且是在这种疾风暴雨、生死存亡的关键时刻脱离，甚至是终身脱离公职。

保守党在下院所占的席位比其他各党之和尚多一百二十余席。张伯伦先生是他们推选的领袖。我也自然地意识到，我取张伯伦而代之，对于他们当中的许多人来说必然是非常不愉快的，因为过去我对他们百般苛责。除此以外，他们大多数人也心知肚明，我的一生是在同保守党的摩擦和斗争中度过的：我们曾经在自由贸易这一问题上背道而驰；随后我又以财政大臣的身份重回朝政；之后的很多年，我一直极力反对保守党在印度问题以及外交政策上的立场，并强烈谴责他们对于备战的放松。总之，想要他们接受由我担任首相一职是极其困难的，这一事实会给无数尊贵人士带来难以言喻的痛楚。此外，保守党素来有忠于领袖的传统，他们在战前的某些问题上未能对国家尽职，或许也是由于这一缘故。然而，我并没有因此而感到丝毫忧虑，因为我深知在战争面前，所有的一切都显得微不足道。

起初，我邀请张伯伦先生担任下议院领袖兼枢密院议长，他也义不容辞地接受了这一邀请。然而，任命书尚未下发，艾德礼先生便告知我，工党对此存有异议。联合政府中，下院领袖的人选必须让人心悦诚服。我向张伯伦先生传达了这一意见，他也欣然接受，于是直至1942年2月我都亲自担任下院领袖。在此期间，艾德礼先生一直担任副党魁，负责处理日常事务。他在反对党任职的丰富经历让他在工作上游刃有余，我只需在重要时刻露面。当然，这样的情况也常有。许多保守党人士认为他们的党魁张伯伦先生没有被人放在眼里，但所有人都对他的个人操守钦佩万分。因此，5月13日，当他以新的身份走进下院时，保守党人士以及大部分下院议员带着同情又尊敬的心态起身迎接。担任首相的头几个星期里，和我打招呼的多为工党人士，但张伯伦先生对我的信任和支持，让我愈发意志坚定。

内阁成立初期，压力源主要来自工党人士，以及一些被排除在外的满怀热情的能人志士，他们要求肃清那些“罪人们”——那些应当为《慕尼黑协定》买单，应当对备战不力负责的大臣们。其中，哈利法克斯勋爵、西蒙勋爵和塞缪尔·霍尔爵士成为头号攻击目标。但此刻我们需要团结这些有才能且执政经验非常丰富的爱国人士。倘若放任这些排外人士大放厥词，那么三分之一的保守党人士都应引咎辞职。考虑到张伯伦先生为现任保守党党魁，这一举措也十分不利于国家团结。况且，我认为不能简单将责任归咎于某一方。严格意义上讲，当时的政府应当承担官方责任，而道义上的责任涉及面更广。然而，无数的画面仍然历历在目，工党以及自由党的大臣们举行一系列投票，发表一系列长篇大论来贬低某些保守党人士。事实证明，这些行为都是荒谬且愚蠢的。对于过去，我最有发言权，因此，我坚决反对这种分裂倾向。几周后，我谈道：“如果谁想拿现在来裁判过去，那就会失去未来。”正是由于我的坚持以及危急关头的民族荣誉感，制止了这些所谓的致力于肃清异端人士的势力。

* * *

5 月 11 日一早，我就给张伯伦先生去信：“一月之内，请勿搬迁住处。”这样就可以避免在战时给大家带来任何不便。我仍住在海军总部大楼，并将地图室及楼下几间较好的房间改成临时司令部。我将我和艾德礼先生的谈话悉数告知，并向他汇报了联合政府组建工作的最新进展。我还说道：“由于战事迫在眉睫，我必须于今晚为英王完成战时内阁及各作战职能部门的组建。由于战事需要，我俩今后必须通力合作。因此，我希望你能搬回到位于 11 号街区的旧宅①，因为我对那儿也比较熟悉。”

① 唐宁街 11 号的这栋房子通常是财政大臣居住。

我认为今天没有必要再召开内阁会议了，因为士兵们和各作战部门都在按部就班地执行既定方针。然而，倘若你和爱德华（哈利法克斯勋爵）能拨冗于正午十二点半赶来海军部作战室，那也再好不过，这样我们就可以研究研究地图，仔细商谈某些事宜。

英法先头部队已抵达安特卫普—那慕尔前线，照此势头发展，盟军很有希望赶在德军之前牢牢占据这一战线。此战十分关键，需在四十八小时内结束战斗。据悉，德国尚未攻陷艾伯特运河防线，比利时正顽强战斗，荷兰人民也在奋力抵抗。

*　　*　　*

起初，我的处境十分尴尬。我全身心扑在战争事宜上，纵然焦头烂额，亦无能为力，不得章法。筹备联合政府、会见各方人士、协调党派纷争等事宜让我无法抽身。彼时，英王授意，联合政府需有六十到七十名大臣，我就像是玩拼图一样，一方面需要四处挖掘人才完成拼图，另一方面又要兼顾三个党派的利益将拼图拼好。与此同时，我要接见的宾客不仅包括重要人物，还有一些将被委以重任的能人志士。筹备联合政府期间，作为首相，在处理各党内部权利问题时，我充分尊重各党党魁意见。因此，对于那些因未经党魁首肯或其他原因未能入选新政府的各位人士，我只能深表歉意。当然，总的来说，这类情况是比较少见的。

克莱门特·艾德礼长期供职于下院，作战经验丰富。联合政府时期，我们彼此信任，精诚合作。阿瑟·格林伍德先生是我的朋友，他睿智、果敢。作为顾问，他给了我很多帮助。

自由党党魁阿奇博尔德·辛克莱爵士对于接任空军大臣一职面露难色，因为他的追随者们都认为他在内阁应有一席之位。但这有悖于精简战时内阁的原则，因此，我提议，如遇重大政治或党派问题时，

即邀请他出席内阁会议。辛克莱爵士是我的朋友，1916 年，朴罗格斯提特（“普拉格街”）战役中，我统率皇家第六火枪团，他为副将。对于我预留给他的一系列任务，他本人也是欣然接受的。经过漫长磋商之后，这件事情也圆满解决了。战争初期，海军部急需大量拖网渔船，为了解决这一问题，我结识了贝文先生。作为英国最大的工会——运输和杂务工工会总书记，贝文先生要想在新内阁中担任劳工大臣一职，必须经过其所在工会的首肯。这花费了两到三天的时间，但他赢得了全体会员的支持，他们也在随后的五年里一直追随贝文先生，直至战争结束。因此，我认为这一切都是值得的。

最大的问题来自比弗布鲁克勋爵。根据此前的经验，我决定将飞机生产设计部门从空军部独立出去。基于对比弗布鲁克勋爵能力的充分信任，我坚持让他出任飞机生产大臣。起初，这项任命阻力重重，一方面，空军部显然不乐意看到自己的供给部门被独立出去；另一方面，他本人对此似乎也有抵触。然而，我坚信胜利的关键在于研发和制造新式飞机，因此我坚持己见，将这位充满活力、激情四射的人物纳入内阁。

* * *

为了顺应议会及各媒体的主流意见——精简战时内阁，内阁成立之初仅有五人，皆为各党派领袖，这其中，只有外交大臣一人无须兼管其他部门。为方便行事，财政大臣及自由党党魁需经常露面，随着时间推移，“经常露面”的人越来越多，但全部责任都落在五位战时内阁大臣身上。倘若战争失利，其余大臣或许会因管理失职受到处分，但作为决策者，五位内阁大臣都应当被拖到伦敦塔山①上斩首。除内阁大臣以外的任何人都没有决策上的压力，他们不会像我们一样，面临“我要为此负责”的重担，这也省却了很多人的后顾之忧。

---

① 二战期间作为监狱、刑场。——译者注

以下为战争期间组建全国联合政府工作的各阶段进展情况。

1940 年 5 月 11 日

战时内阁

首相兼第一财政大臣、国防大臣和下院领袖	丘吉尔先生 *	保守党
枢密院长	内维尔·张伯伦先生 *	保守党
掌玺大臣	克·理·艾德礼先生	工党
外交大臣	哈利法克斯勋爵 *	保守党
不管部大臣	阿瑟·格林伍德先生	工党

内阁级大臣

海军大臣	A. V. 亚历山大先生	工党
陆军大臣	安东尼·艾登先生 *	保守党
空军大臣	阿奇博尔德·辛克莱爵士	自由党

5 月 12 日

大法官	约翰·西蒙爵士 * （后为西蒙勋爵）	国家自由党
财政大臣	金斯利·伍德爵士 *	保守党
内政大臣兼国内安全大臣	约翰·安德森爵士 *	无党派
殖民地事务大臣	劳埃德勋爵	保守党
贸易大臣	安德鲁·邓肯爵士	无党派
军需大臣	赫伯特·莫里森先生	工党
新闻大臣	达夫·库珀先生	保守党

5 月 13 日

印度与缅甸事务大臣	L. S. 艾默里先生	保守党
卫生大臣	马尔科姆·麦克唐纳先生	国家工党
劳工与兵役大臣	欧内斯特·贝文先生	工党
粮食大臣	伍尔顿勋爵 *	无党派

5 月 14 日

自治领事务大臣兼上院领袖	考尔德科特子爵 *	保守党
苏格兰事务大臣	欧内斯特·布朗先生	国家自由党
飞机生产大臣	比弗布鲁克勋爵	保守党
教育委员会主席	赫·拉姆斯博瑟姆先生 *	保守党
农业大臣	罗伯特·赫德森先生 *	保守党
运输大臣	约翰·里思爵士 *	无党派
海运大臣	罗纳德·克罗斯先生 *	保守党
经济作战大臣	休·多尔顿先生	工党
兰开斯特公爵郡大臣	汉基勋爵 *	无党派

5 月 15 日

年金大臣	W. J. 沃默斯利爵士 *	保守党
邮政大臣	W. S. 莫里逊先生 *	保守党
主计大臣	克兰伯恩勋爵	保守党
检察总长	唐纳德·萨默维尔 * （王室顾问）	保守党
苏格兰检察总长	T. M. 库珀先生 * （王室顾问）	保守党
副检察总长	威廉·乔伊特爵士 * （王室顾问）	工党
苏格兰副检察总长	J. S. C. 里德先生 * （王室顾问）	保守党

带 * 标志为上届政府成员。

在我漫长的政治生涯中，我曾多次身居要职，但我必须承认首相一职是我的最爱。权力，若沦为剥削下级、自我满足的工具，则显得粗鄙不堪，但若在战时被明理之人所用，则是一大幸事。内阁成员中，一把手和第二、第三或第四号人物所处的位置完全不同，没有任何可比性。其他所有人的责任及面临的问题和一把手截然不同，而且在很多情况下是要更棘手一些的。当二号或三号人物需要出面拟定重要计划或决议时，他们往往不仅要考虑到计划本身是否周全，还需揣测上级的想法；不仅需要给出建设性意见，还需明白如何恰逢其时地给出意见；不仅要清楚该做什么，还应明白该如何征求上级首肯以及如何去做。与此同时，他们还要照顾到四号、五号、六号人物，甚至是局外人的意见。每个人都野心勃勃，期待着有朝一日能功成名就。每个人或多或少都有一些闪光的想法，有一些也是切实可行的。1915 年，达达尼尔海峡之战时，我曾犯了一个致命错误：当时，作为海军大臣的我以下级的身份贸然提议发动战争，导致英军溃不成军。这一教训刻骨铭心，并深深地影响了我日后的行事方式。

相比之下，接任首相一职要简单得多。作为受众人拥戴的首相，你只要制定出最佳方案，下级自会全力以赴。人们对于首相绝对忠诚：倘若你跌倒，自会有人扶你；倘若你出错，自会有人替你掩饰；倘若你睡着了，也绝对没有人敢打扰你。当然，倘若你不称职，你也自会被取代。但这种情况很少发生，尤其是在当前这样的形势下——新首相刚刚走马上任。

*　　*　　*

战时内阁为作战指挥机构带来了根本上的变革，且并非停留在表面。表面上来看，固有的体制未被打破，人员也未出现变更，战时内阁仍循例每天与参谋长委员会碰头。如拿破仑所说：“宪法应当越简单越含糊才越好。”作为英王委任的国防大臣，我并未对宪法和法律有任何修改。说起我的权利与义务，我一直小心谨慎，一方面，法律没有给出明确界定；另一方面，我也无心向英王及议会索要任何特殊待遇。然而，我是大家公认的战时领导人，负责统领战局并得到内阁及下议

院的支持。我接任首相后意味着，一位没有明确权限的国防大臣从此享有参谋长委员会的控制及监管权。由于国防大臣同时兼任首相一职，所以他又同时享有首相惯有的非常广泛的权利，其中就包括所有官员的任免权。这项史无前例的举措，让参谋长委员会与政府融为一体，有利于指挥军队，全方面把控战局。

三军大臣——第一海军大臣、陆军大臣和空军大臣虽头衔未变，但职责已大不相同。虽然他们仍然享有各自军种的绝对领导权，但由于他们既非战时内阁成员，又不参加参谋长委员会会议，因此拟定作战策略及每日作战方针的任务就自然而然地落到了参谋长委员会头上。因为参谋长委员会直接听命于国防大臣兼首相，这样一来，战时的任何决议也都是得到战时内阁首肯的。这三位大臣都是我非常信任的朋友，他们才华横溢，不拘小节，且在各项工作中游刃有余。同时，作为国防委员会成员，他们也在和我的直接接触中对整个战局有了更加宏观的把控。军队管理问题上，我们鼓励各级军官畅所欲言，但无规矩不成方圆，各级军官须服从上级指示，所作任何决定需向上级汇报，不许越级，因为实际上，战争的指挥权永远掌握在少数人手中。这样一来，所有事情都变得简单明了。眼下，虽然希特勒风头正劲，战争形势依然严峻，前路依然艰辛，但英国的整个战时体系已经完善，一切有章可循，一切好的想法都可以迅速付诸实施。

* * *

尽管此时战火已在海峡彼岸燃起，读者也已迫不及待地想了解战况，但我还是有必要阐明，我接任首相后，在军事等方面做出的一系列制度上的调整。我倾向于用书面文件进行政治上的沟通，虽在紧急情况下写的很多东西都是欠缺考虑或不切实际的，但我还是乐此不疲。很多情况下，温和地表达意见或意愿所产生的效果要比强制性的命令好得多，当然，军队管理另当别论。作为法定的政府领导——首相兼国防大臣，我给出的一系列书面指示，虽不那么正式，却常常能够得到很好的执行。

为了防止我的名字被滥用，我在七月的危急关头做出如下决定：

> 首相致帝国总参谋长、伊斯梅将军和爱德华·布里奇斯爵士：
>
> 请知悉：我所做的一切决定都将以书面形式呈现出来，即便采用口头形式也会在事后通过书面形式加以确认。除此之外，概不负责。
>
> 1940 年 7 月 19 日

每天早上八点醒来之后，我会先查阅所有电报，继而在床上口述要传达给各部门和参谋长委员会的一系列指示，随后，这些指示会以书面形式呈送给我驻参谋长委员会的代表——战时内阁副秘书（主管军事方面）伊斯梅将军。伊斯梅将军每天清晨都会来到我的住处，帮我将这些书面材料转交给参谋长委员会。紧接着，参谋长委员会会在每天十点半召开会议商讨战局，其间他们会充分考虑我的意见。如无异议，每天下午三点至五点的这段时间内，所有要传达的指示或信息都以书面形式呈现，如此一来，事半功倍。

战时，由于军事问题和非军事问题并没有明确界限，必然导致军事参谋团同战时内阁成员之间的摩擦。然而，二战期间，英国从未出现这样的情况，这都归功于战时内阁秘书爱德华·布里奇斯爵士。作为前桂冠诗人①之子，爱德华·布里奇斯爵士兢兢业业，能力超群，风度翩翩，从不嫉贤妒能，极具个人魅力。战时内阁秘书处应当全心全意为首相及战时内阁服务，而他也以自己的实际行动践行着这一职责。他牺牲自己的身份地位，在他的努力下，秘书处的行政人员和军事人员之间从未发生过任何口角。

遇到重大问题或分歧时，我会召开战时内阁国防委员会会议。委员会成员包括张伯伦先生、艾德礼先生及三军大臣、三军参谋长列席

① 指英国桂冠诗人罗伯特·布里奇斯（1844—1930）。——译者注

会议。1941 年后，类似这样的正式会议越来越少①。与此同时，随着各部门间的沟通越来越顺畅，我认为三军参谋长没有必要每天出席战时内阁例会。于是，“周一内阁巡礼”应运而生。我决定每周一召开一次大会，所有战时内阁成员、三军大臣、国内安全大臣、财政大臣、自治领大臣、印度与缅甸事务大臣、新闻大臣、三军参谋长和外交部的长官都需参加会议。会上，先由三军参谋长依次汇报过去一周的情况，外交大臣紧随其后，汇报外交事务的重要进展。周二到周日，内阁例会照常进行，重大决定需在会上商讨，当某些议题牵扯到某一具体部门时，该部门大臣需出席会议。战时内阁阁员需通览有关战争的各类文件，以及我所发出的重要电报。长此以往，各部门间的信任感逐渐增强，战时内阁成员虽对战事保持密切关注并知晓最新进展，但却越来越少插手。内阁帮我分担了几乎所有的内政和党务，我也因此得以将重心转移到军务等更重要的问题上来。对于某些重要决策，我仍会征求内阁阁员们的意见，他们也乐于帮我出谋划策，做出合理的决定。为了保密，他们从不打听具体的作战计划，我曾有几次试图告知其具体的作战时间和细节，但都被及时制止。

我从未想过设立国防大臣办公室，因为我知道这项决议费时费力，牵连甚广，就连我们之前私下里做的一些微调，都可能要经过一系列烦琐的立法手续后才能得以最终确立。为此，我将帝国防务委员会秘书处改为战时内阁秘书处军事组，该军事组实为国防大臣办公室，直接听命于首相。其中，伊斯梅将军任组长，组员包括霍利斯上校、雅各布上校及一批从三军中特别挑选出来的青年军官。由于军事组的职责多为机要，因此中途未有任何人员变动，这一举措也有利于高效处理军务。随着战事推进，伊斯梅将军、霍利斯上校和雅各布上校也得以加官晋爵，名声大噪。

除却早期的人员调整外，参谋长委员会也相对稳定。1940 年，原

---

① 国防委员会在 1940 年开会四十次，1941 年七十六次，1942 年二十次，1943 年十四次，1944 年十次。

空军参谋长纽沃尔空军元帅任期届满后，调任新西兰总督，空军名将波特尔元帅接任空军参谋长，直至战争结束。同年5月，约翰·迪尔爵士取代威廉·埃德蒙·艾恩赛德出任帝国总参谋长。1941年12月，他随我去了华盛顿，参加盟国首脑会议，随后转任英美参谋长联合委员会英方首席代表。迪尔同马歇尔将军（陆军参谋长）关系密切，为英美两国联合军事行动做出了重要贡献，1944年，迪尔因病卒于华盛顿，被厚葬于美国阿灵顿国家公墓①。艾伦·布鲁克爵士于1941年12月接替约翰·迪尔爵士出任英帝国军队总参谋长，与我一起共事，直至战争结束。

1941年初，无数的挫折给我们带来无尽的失望。但随后的近四年里，除海军元帅庞德因公殉职外，三军参谋长和国防委员会未出现任何变动，这也着实可以载入史册了。与此同时，美国参谋长联席会议自成立之初便未有任何人员变动，该参谋长联席会议由莱希上将发起，成员包括马歇尔将军、金海军上将和阿诺德将军。盟国之间能有如此默契，尚属首次，着实不易。当时，英美参谋长联合委员会正在筹建中，人员的相对稳定非常有利于加强双方合作，其好处不言而喻。

我也曾和参谋长委员会有过争执，但我们逐渐达成了一种共识——凡事以理服人。当然，这种共识源于我们相似的背景、相似的军事理念，也因我们曾携手作战。尽管当时战事风云变化，但我们始终众志成城，这也得益于战时内阁对我们的充分信任和支持。如同第一次世界大战一样，我们团结一致，无论你是政治家抑或是军人，无论你穿着“大礼服”② 抑或是戴着“黄铜帽”③（这样的称呼似乎让人心中不悦），我们始终万众一心，也因此建立了深厚的友谊。

一个政府办事效率的高低，取决于上级的命令是否能够得到及时、准确的传达和有效的执行。危急时刻，英国做到了这一点，这全凭战

① 位于美国弗吉尼亚州阿灵顿郡，长眠在那里的人，均是对国家有杰出贡献者。——译者注

② 比喻高级文官。——译者注

③ 比喻高级军官。——译者注

时内阁阁员们在前进道路上所表现出的忠心、责任心和坚定不移的决心。依照内阁指示，海、陆、空三军已经奔赴前线，军需部门也已投入生产。在此，我想感谢大家对我的信任和支持，正因如此，各部门工作才得以有序运转，也正是因为大家的配合，我才得以更好地把控战局。大家都很清楚我们现在的处境有多么糟糕——我们处在生死存亡的关键时刻，个人安危，甚至是大英帝国的安危、大英帝国的荣誉，所有的这一切都命悬一线。

* * *

为了更好地阐明全国联合政府推行的一系列政策，我有必要解释一下我与各国及各自治领元首的私人往来信件。一般来说，当接到内阁关于某些政策的特殊指示后，我会亲自草拟或口述文件，然后再发给我的朋友及同事。有必要说明的一点是，这些信件的措辞通常十分亲切、随意，因为这样才能更好地表达我的观点。因为我对内阁成员们非常了解，所以我偶尔也会事先拟好文件，然后在内阁会议上直接宣读我的决定。当然，我和外交大臣及外交部门的合作也十分密切，倘若遇到分歧，我们都会坐下来一起协商解决。我通常会在发完电报后，将所发文件交给战时内阁的主要成员传阅，若某些文件牵扯到某些自治领，也会给该自治领元首备一份。通常，所有电报在发出去之前都会有专人负责检查、校对，任何有关军事的信件都必须经由伊斯梅将军之手转交给参谋长委员会。这些私人信件并不妨碍我与各国大使之间的官方交流，相反，能在很大程度上帮助我更好地指挥战争。总之，我担任国防大臣时所做的一切努力，甚至还不如这些看似简单的电报。

我一般在拟好草稿后会征求周围人的意见，而大多情况下，他们对我起草的函电均无异议，这也增添了我的信心。例如，在与美国当局的沟通中，有很多分歧只能通过我和罗斯福总统直接商议后才能解决。久而久之，这种做法的成效愈发明显，但下属们对我变得过度依

赖，他们经常要求我给罗斯福总统去信，询问一些重要信息。对此，我也经常拒绝，因为我害怕这会成为他们今后处理政务的一种常态。倘若在私人信件中穿插过多的政治问题，那信件也就变得毫无隐秘性可言，并最终失去它原有的价值。

频繁的书信往来让我和罗斯福总统的关系越来越近，事实上，两国间重要事务的处理也大都依赖于我们的书信来往。长此以往，我们之间的信任也逐渐建立起来。作为美国元首兼政府首脑，罗斯福对美国享有绝对领导权，而我作为英国战时内阁首相，在英国的地位也首屈一指。如此一来，我们便成了惺惺相惜的朋友，这样的友谊也为战时英美两国之间的沟通节省了大量的时间和人力。通常，我会将电报发至美国驻伦敦大使馆，那里会有人负责用特制的加密电报机将信息直接送达罗斯福总统处。从发电报到收到回复通常只需花费几个小时，头天晚上发出去的电报，甚至是深夜两点发出的电报，第二天一早醒来就能收到罗斯福先生的回复。如此一来一往，大大提高了信息传递效率。据统计，我给罗斯福总统共发出去九百五十封电报，收到约八百封回电。伟大的罗斯福总统于我，更像是一位知己，一位向着崇高事业奋斗的伟大战士。

*　*　*

由于英国急缺驱逐舰，5 月 15 日下午，与内阁商议后，我给罗斯福总统发了一封电报，请求美国政府支援。这是我接任首相后给罗斯福总统写的第一封信，结尾处我使用了“前海军人员”这一落款，我在战时一直沿用了这一称谓。

*　*　*

尽管我已升任首相，但我们之间的交情依旧未变。想必你也清楚，眼下局势十分恶劣，德国空军实力强劲，在与法

国交战中锋芒毕露。陆上战争刚刚开始，我也希望能动员全部力量加入战斗。到目前为止，德国一直采取“闪电战”，利用飞机和坦克的快捷优势，以突袭的方式制敌取胜。德国攻势凌厉，迅速攻占波兰、丹麦、挪威等小国，大有摧枯拉朽之势。想必，墨索里尼定会趁火打劫，与德国沆瀣一气。相信他们下一步就要对英国发动空袭，我们从不害怕孤军奋战，英国上下已处于备战状态。

相信总统先生您也意识到了，倘若美国继续放任德国为所欲为，终将引火自焚。届时，整个欧洲都将被法西斯势力夷为平地，任凭谁也无法承受这样的后果。因此，我希望美国宣布“非交战”立场，且向我们提供除军队外的任何形式的支援。第一，由于战争初期投入生产的一批驱逐舰得等到明年才能交付使用，我们目前急需四十到五十艘旧驱逐舰，否则倘若意大利派遣潜艇袭击英国，我们将毫无招架之力。第二，此前美国曾答应要提供物资援助，我们现在想提前预支几百架新式飞机。第三，我们急需防空设备和弹药，因为补给要到明年此时才能到位——前提是我们能撑到明年。第四，鉴于我们的矿石供应主要来自瑞典、北非及西班牙北部，因此，我们希望能从美国进口钢材等其他原材料，即便我们的美元储备枯竭，我也希望美国能保障物资援助。第五，有消息称，德国将要派遣伞兵和空运部队攻打爱尔兰。倘若美国能派一支特遣舰队前往爱尔兰港（最好驻扎在那里），我们将不胜感激。第六，我希望美国能够牵制日本在太平洋地区的势力，必要时新加坡也可以听候美国差遣。详细资料，另行奉上。

敬请勋安。

1940 年 5 月 15 日

5 月 18 日，罗斯福总统复电。电报中，罗斯福对这种沟通方式予以肯定，同时对我所提要求予以回应。首先，向英国提供驱逐舰需要

征求国会同意，目前恐怕不行。其次，美国将为盟国提供新型美式飞机、防空设备、弹药及钢材等战争物资。以上所有事务都由珀维斯先生（不久后因飞机失事辞世）全权负责。总统先生说会仔细考虑派遣舰队前往爱尔兰港一事。关于日本，总统并未多说，只说美国舰队已在珍珠港集结。

*　　*　　*

5 月 13 日（星期一），在下院特别会议上，我要求下院对新政府进行信任投票。汇报完各部门人员任免情况后，我说：“我能奉献的没有别的，只有热血、辛劳、眼泪和汗水。”纵观历史，没有一位首相的宣言如此简明而又深得议会和人民的支持。我在结束时说：

> 你们问：我们的政策是什么？我的回应是：我们的政策就是用上帝所能给予我们的全部能力和全部力量在海上、陆地上和空中进行战争；同一个在邪恶、悲惨的人类罪恶史上还从来没有见过的穷凶极恶的暴政进行战争。这就是我们的政策。你们问：我们的目的是什么？我可以用一个词来答复：胜利——不惜一切代价去争取胜利，无论多么恐怖也要去争取胜利；无论道路多么遥远和艰难，也要去争取胜利；因为没有胜利，我们就无法生存。大家都要认识到：没有胜利就没有大英帝国，大英帝国所代表的一切也都将成为过眼烟云，促使人类朝着目标前进这一世代相传的强烈欲望和动力也都不复存在。此刻，我满怀兴奋与希冀地担起这份工作。我深信，人们会支持这一事业，我也有权利让人民支持这份事业，我说：“来吧，让我们携手并肩，向着共同的目标前进。”

这些简单的话语博得了下院的一致投票通过。投票结束后一直休会到 5 月 21 日。

*　　*　　*

随后，在我担任首相的五年中，大家在我的带领下朝着共同的目标进发，众志成城。此前，英国历史上从未有任何一位首相能像我一样，得到各党派的支持。议会虽然会时不时地给出批评建议，但一直对政府出台的各项措施给予巨大支持。大英帝国空前团结，全国人民上下一心，因为我们深知我们面临的敌人凶残无比，前方的道路异常坎坷。

第三章

THREE

法兰西之战（上）

“D”计划——德军的阵势——荷兰遭到蹂躏——比利时问题——“D”计划的进展——我们本土防卫的最低极限——在荷兰“停火”——意大利的威胁——甘末林将军的声明——没有战略后备队：“一个也没有。”——法国要求英国增派战斗机中队——内阁同意增派十个战斗机中队。

5月10日晚，我正式接任英国首相。德国入侵荷兰、比利时、卢森堡等欧洲小国，但当时并没有人要我和尚处于萌芽状态的新政府对此给出任何新的指示。长期以来，英法两国参谋人员一致赞同甘末林将军的“D”计划①。11日清晨，盟军已经开始大规模推进“D”计划，且进展神速：靠海一侧，吉罗将军率领的第七集团军已经冒险向荷兰进发；中心地区，英国第十二轻骑兵团的装甲车巡逻队已经抵达代尔河；我方战线南部地区，约特将军率领的第一集团军群余部火速开往默兹河。盟军统帅认为，倘若“D”计划得以顺利实施，战线将大大缩短，我们便可以节省约十二到十五个师的兵力。当然，还有比利时军队的二十二个师和荷兰军队的十个师，倘若没有这些兵力，那我们西线的总兵力就会在数量上逊于敌军。因此，我对这项计划从未有丝毫质疑，此时此刻，我满心期待着即将到来的战斗。

然而，事后回想起来，英国参谋长委员会于1939年9月18日所做的报告极具前瞻性。该报告指出，倘若比利时未能守住默兹河和艾

① 该计划由英法联军最高统帅部制定，重点是防御德军向比利时实施主要突击，把比利时作为双方厮杀的主战场。——译者注

伯特运河防线，那么英法联军便没有必要开赴比利时支援，相反，我们应该坚守法国国境线，或将左翼军队稍稍向前推进至斯凯尔特河一线。自 1939 年 9 月以来，我们已经达成一致，要推行甘末林将军的“D”计划。在此期间，发生的任何事情都未能改变英国参谋长委员会原来的看法，相反，倒让他们更坚定了。过去的一段时间里，德军实力逐渐强大、日趋成熟，现已拥有一支实力强劲的装甲部队。而法国陆军在漫漫冬日的摧残下明显士气低沉，实力不增反减。比利时政府并未与盟军进行有效合作，反而将国家的生死存亡寄托在希特勒身上，他们希望希特勒能够遵守国际法并尊重比利时的中立地位。那慕尔—卢万防线上的反坦克障碍和防线部署本来就不够充分，此刻仍未完工。比利时军队虽人才济济，却都因害怕打破中立而畏首畏尾。事实上，比利时防线在德军第一波攻击时已经千疮百孔，甚至在甘末林将军下令实施“D”计划之前便已满目疮痍。现如今，我们只能将希望寄托于这场“遭遇战”的胜利，尽管当时法国最高统帅部一直竭力避免与德军正面冲突。

八个月前，战争刚刚爆发之际，德国集中优势兵力闪击波兰。沿着整条西方战线，从埃克斯—拉—夏佩勒到瑞士边界，共驻扎了四十二个德国师，且并未配备装甲部队。动员后的法国可集结相当于七十个师的军队与其对峙，但当时由于奉行“绥靖政策”，并未对德国法西斯发动进攻。与之前相比，1940 年 5 月 10 日的形势已大不相同。德军争取到了八个月的喘息之机，且在攻克波兰之后，装备并训练了一百五十五个师，其中十个师为装甲师（又称“坦克师”）。希特勒在与斯大林签订了《苏德互不侵犯条约》后，可以尽力减少东线兵力。据德军参谋长哈尔德将军说，德国在苏德边境只部署了一支轻装掩护部队，人数勉强够用来征收关税。此时，苏联政府对自己的未来毫无警觉，放任希特勒在西欧（日后的斯大林苦苦等待了很久才开辟的“第二战场”）肆虐。因此，希特勒得以集结一百二十六个师，外加十个坦克师的强大装甲武器，约三千辆装甲车（其中至少约一千辆重型坦克），对法国发动猛烈袭击。

强大的德国军队驻扎在北海至瑞士一线，由北向南依次为：

> B集团军群，下辖二十八个师，冯·博克将军任司令，集结在从北海到埃克斯—拉—夏佩勒一线，准备席卷荷兰和比利时后，作为德军右翼，向法国推进。
>
> A集团军群，下辖四十四个师，冯·龙德施泰特将军任司令，为主力部队，部署在埃克斯—拉—夏佩勒到摩泽尔河一线。
>
> C集团军群，下辖十七个师，冯·勒布将军任司令，扼守从摩泽尔河到瑞士边境的莱茵河一线。

德国陆军最高统帅部拥有后备部队约四十七个师，其中二十个师为各集团军的直接后备，另二十七个师为一般后备。

然而彼时，我们对德国的实力和部署一无所知。当时，我方共一百零三个师，其部署如下：第一集团军，下辖五十一个师，其中九个师由后备军司令部指挥，还包括九个英国师，该集团军驻扎在马奇诺防线北端的隆维地区，沿比利时边境西至敦刻尔克，由比约特将军任司令；第二、第三集团军，包括储备军在内共计四十三个师，由普雷特拉将军和贝松将军指挥，负责保卫隆维至法瑞边境一线；还有相当于九个师的兵力驻守马奇诺防线。此外，如果比利时和荷兰参战，比利时的二十三个师和荷兰的十个师也将加入战斗。由于这两个国家很快便遭到攻击，因此，5月10日，盟军可用于对抗德国的兵力就为一百三十五个师，与敌军数量相当。倘若这些军队装备齐全，指挥得当，那么就一战的经验来看，盟军有望遏制希特勒的疯狂侵略。

然而，战争主动权已被牢牢握在德国人手中，德国可能随时随地发起攻击。目前，超过半数法军驻扎在法国东部及南部地区。这样一来，比约特将军率领的第一集团军群的五十一个法国师和英国师，以及比利时和荷兰援军，就要负责在隆维和海岸之间抵抗博克和龙德施泰特指挥的七十多个师的猛攻。德国的闪电攻势——利用坦克及俯冲

轰炸机制敌取胜，在闪击波兰时大放异彩。此次，德国以相同的方式作为主攻的前锋，克莱斯特指挥德国 A 集团军群所属的五个坦克师和三个摩托化师，经由阿登，朝色当和蒙得梅进攻，来势汹汹。

为了应对现代化战争，法国部署了两千三百辆坦克，但大多数为轻型坦克。法国装甲部队配备了强大的现代化武器，其中有超过半数的轻坦克营，布局相对分散，用以配合步兵作战。倘若法国的六个装甲师①联合作战，或许尚可与德军的坦克师一较高下，但由于目前军力分散，难以协同作战，形势不容乐观。英国作为坦克的发源地，此时刚刚完成第一个装甲师（配备三百二十八辆坦克）的编制和训练工作，且身处英格兰，远水救不了近火。

德国方面，目前集结在西线的战斗机群，无论在数量上还是质量上都要远远优于法国。英国从本土防御力量中抽调出十个战斗机中队（“旋风”战斗机）支援法国，此外还有八个“战斗”式战斗机中队、六个“布伦海姆”式战斗机中队，以及五个“莱桑德”式战斗机中队。空军装备方面，英法空军并未配备俯冲式轰炸机，而这类轰炸机已在德国闪击波兰时大显身手，并在日后为瓦解法国陆军，尤其是挫败他们的外籍军团②立下汗马功劳。

5 月 9 日到 10 日那一夜，成群的德国飞机突然对法国、荷兰、比利时和卢森堡的机场、铁路枢纽、司令部和弹药库进行猛烈的轰炸，随后，博克和龙德施泰特率领的德军地面部队也跨过荷兰、比利时和卢森堡边境，朝法国进发。黑夜里突然涌现出无数装备精良的德军部队，这些部队大多配备轻型火炮，所向披靡。拂晓前，一百五十英里的前线已沦为一片火海。由于此次袭击未有任何先兆，荷、比军队陷入慌乱，只能大声求救。荷兰人信赖他们的洪水防线，此时，所有未被占领或未叛变地区的水闸已经全部打开，荷兰边防士兵也开始向侵略者开火。比利时人成功破坏了默兹河上的桥梁，可是艾伯特运河上

---

① 这其中包括拥有坦克的所谓轻摩托化师。

② 由外国志愿兵组成的陆军正规部队，拥有和法国正规军同样的装备，由来自 136 个国家和地区的约 8000 名志愿者组成。——译者注

两座完好无损的桥梁依然被德军攻占了。

依照“D”计划，当德军对比利时发起攻击时，比约特将军率领的第一集团军群，连同数量虽少却十分精良的英国陆军应向东推进，增援比利时，从而阻止敌军并据守默兹—卢万—安特卫普一线。这条战线的前方，沿默兹河和艾伯特运河，部署着比军主力部队。如果他们能够挡住德国的第一次攻击，第一集团军群便前往支援。但就目前的形势来看，比军似乎更有可能直接退回盟军防线。事实也的确如此。人们希望比利时军队的抵抗，可以为英法盟军赢得喘息的机会，使他们能够重新布置阵地。事后证明，除法国第九集团军把守的前线情况危急外，这一计划确实奏效了。与此同时，在极左翼，即靠海的那一边，法国第七集团军应迅速控制斯凯尔特河河口的岛屿，如有可能，还应向布雷达推进，前去增援荷兰。南翼地区，人们认为大规模的现代部队不可能越过阿登山脉，再往南去，还有定期加固的马奇诺防线一直延伸到莱茵河，再沿莱茵河一直到瑞士。因此，似乎一切都取决于盟军北方各集团军由左侧的反击，而这又取决于比利时被攻陷的速度。此刻，一切都已部署妥当，只待一声令下，远超一百万人的盟军便可执行既定方针，向前推进。5 月 10 日凌晨五点三十分，戈特勋爵接到乔治将军指示——“戒备一、二和三”，这意味着应立即准备率军向比利时挺进。凌晨六点四十五分，甘末林将军一声令下，法国最高统帅部（英国远征军听从法国最高统帅部指挥）酝酿已久的“D”计划立即拉开帷幕。

* * *

1937 年，时任荷兰首相柯立恩先生访英时，曾向我阐述了荷兰高效的水障防御工事。他解释道：“即便此刻我仍身处英国，但若敌军来犯，我只要从恰特韦尔的午餐桌上打一个电话，便可命人按下按钮，打开防洪坝，用大水构成天然屏障，阻挡敌人的攻势。”这实属无稽之谈。现代战争背景下，一个大国的军力是小国无法抵抗的。德军势如破竹，迅速夺取荷兰要塞，在河上架起桥梁，掌握水闸控制权。仅一天时间，荷兰外围防御工事便千疮百孔，全线崩塌。与此同时，德军出动空军，开始朝一个没有设防的国家狂轰滥炸。鹿特丹一片火海，已沦为废墟。一战时，德军右翼部队①曾绕开荷兰，但这一次，荷兰再也没有那么幸运了。

然而，当战争降临到荷兰头上时，荷兰人民立即集结起来，英勇抵抗。皇家海军将威廉明娜女王、她的家族和政府成员安全送到英国，他们在英国继续鼓舞他们的民众，管理他们庞大的海外帝国。女王毫无保留地将她的海军以及伟大的商船舰队交由英国指挥，为盟国事业贡献了巨大的力量。

比利时的情况则稍显复杂。一战时，比利时同英法联军一起奋勇抵抗，比利时境内的几十万座英国人和法国人的坟墓便是最好的证明。然而一战后，他们未能以史为鉴，沉溺于无数仁人志士用鲜血换来的和平中，在对外政策上声明"绝对中立"。在目睹法国的衰落及英国的"绥靖政策"后，比利时领导人忧心忡忡，他们认为保全自己的唯一途径就是严守中立，因而在战前两大同盟对峙时，恪守这一立场。当然，鉴于小国的艰难处境，我们对此表示理解。但这些年来，法国最高指挥部一直试图点醒比利时政府，让他们意识到保卫国家、抵御德国入侵的唯一办法就是与英、法结盟。艾伯特运河防线和其他滨河阵地易守难攻，倘若英、法军队有比军的帮助，在宣战之后及时开赴比利时边境，便可以在这些阵地上准备一次强有力的反攻，以此对抗德军。然而，比利时政府执迷不悟，认为要想保全自己便须恪守中立，将全部希望寄托在德国的诚意上，期望他们能够遵守条约。

即便英法两国已经对德宣战，但比利时政府依然不为所动，拒绝曾经的盟友的邀请。比利时政府宣称，他们将誓死捍卫中立地位，一方面将主要兵力（十分之九）部署在德比边境，另一方面严禁英法联

---

① 一战时，德国将全部作战兵力分为对俄国的东线和对法国的西线。其中，西线又分为左右两翼，西线中的右翼，是德国主力中的精锐部队。——译者注

军进入比利时境内，采取有效措施设防并部署反击。因此，1939 年冬，我们走投无路，只得同法国第一集团军在法比边境修建防御战线及反坦克堑壕①。我一直在想，“D”计划在对待比利时问题上是不是过于乐观了，我们是不是更应该扼守法国边境。与其让英法联军冒险挺进代尔河或艾伯特运河，不如让比利时军队退到比法边境防线上来。

*　　*　　*

现在回想起来，“D”计划之所以能大行其道，是与当时的时代背景息息相关的。当时，法国陆军实力号称欧洲最强，因而在盟军的指挥上享有绝对领导权，每一个法国军官都坚信法国拥有极高的军事艺术。第一次世界大战时，法国陆军表现勇猛，承担了主要陆战任务，一百四十万法国士兵英勇牺牲。福煦元帅作为协约国最高司令，负责全权指挥英国本土和大英帝国的六七十个师及美国军队。此时，法国有一百多个师，两百多万陆军驻扎在比利时至瑞士一线，而英国远征军的数量只有三四十万人，部署在沿北海地区的勒阿弗尔基地附近。因此，法国自然而然地拥有盟军的最高领导权，我们听从他们的指挥，相信他们的判断。英法对德宣战时，乔治将军有望全面接管英、法军队的指挥权，甘末林将军则回到法国军事委员会，负责咨询工作。然而，他自始至终不愿放弃最高统帅一职，于是，在八个月的平静时光里，二人间上演了惊心动魄的权力争夺战。在我看来，乔治将军自始至终从未有机会单独负责制定全盘战略计划。

对于马奇诺防线北端和英国沿法比边境修筑的防御工事之间的空隙，英国总参谋部和战地司令部一直表示深深的忧虑。英国陆军大臣霍尔·贝利沙先生就曾多次在战时内阁会议上提过这一问题。我们也曾多次通过军事渠道与法方交涉。但由于我们力量薄弱，在兵力比我们多十倍的盟友面前，内阁及军事首脑也羞于启齿。法国人认为阿登

① 即用来反坦克的战壕。——译者注

山脉山高林密，地形复杂，是现代化军队无法逾越的障碍。贝当元帅向参议院陆军委员会信誓旦旦地说道：“这一扇形地区没有危险。”法国虽沿默兹河修建了大量防御工事，但并没有像英国在比利时边境一样，修筑坚固的碉堡并部署反坦克障碍。此外，柯拉将军率领的法国第九集团军，战斗力明显低于法国正规军。第九集团军的九个师中，有两个是部分机械化的骑兵师，一个要塞师，有两个师（六十一师和五十三师）是属于二流水平，两个师（二十二师和十八师）稍逊于现役师，只有两个师是常备正规军。因此，从色当到瓦尔兹河上的伊尔松，这条五十英里长的战线上，没有任何永久性防御工事，且防守军队中只有两个正规师。

当然，再周密的计划也不可能面面俱到。用轻装部队在前线设防是明智的，也是很有必要的。但这样做只有一个目的，那就是当敌人的进攻点暴露时，就可以迅速集结位于后方的大批后备部队，展开反击。隆维至法瑞边境一线，以坚固的马奇诺防线及河面宽广、水流湍急的莱茵河为依托，再加上莱茵河固有的防御系统，整条战线易守难攻。然而，法军仍在此部署了四十三个师（相当于法国一半的机动兵力）的兵力，这一做法十分缺乏远见。防御部队面临的风险要比进攻部队大得多，因为相比之下，某一攻击点上的进攻部队还是较为强大的。考虑到战线较长，只有拥有能迅速投入决定性战役的强大后备部队才能解决这一问题。这一有力见解也证明了法国后备军严重不足，且部署不当。总之，阿登山脉背后的空隙是德国通往巴黎的捷径，也是历来兵家必争之地。倘若德军从此突破，北方集团军的推进便失去中心，与首都连接的交通线也将同样受到威胁。

现在回想起来，1939 年秋、冬，张伯伦先生领导的战时内阁应当坚决指出法国在战略部署上存在的问题。由于我当时也在内阁任职，因此我也要承担一部分责任。但当时的情形是，英国人微言轻，处处受制于法国。倘若英国坚持，法国人可能会说：“我们已经动员了五百

万人民①参战了，为什么你们不能加派人手？为什么你们不愿承担更多的防守任务？如果法军后备力量不足，那你们为什么不补上？海战方面，法国完全听从英国海战部指挥。鉴于法国陆军此前的英勇表现，陆战方面，请你们不要指指点点，给予法国基本的信任。”

话虽如此，但我们真应该坚持己见的。

希特勒和他的将领们对盟军的军事观点和总部署已经了如指掌。就在这个秋季和冬季，德国工厂便开始大批量地生产坦克，生产坦克的工厂肯定早在1938年慕尼黑危机时便已经建好了，因而在战争开始后的八个月里才有如此快速的进展。此刻，众人眼中无法穿越的阿登山脉，在德军眼中已完全不是问题。德军坚信，凭借现代化机械运输以及强大的有组织的筑路能力，他们完全可以让这一地区变成直插法国、扰乱法军反攻计划的最短、最可靠、最简单的路径。于是，德军陆军最高统帅部下令，向阿登山区发动大规模突袭，穿过阿登山脉，直插法国心脏，从肩胛骨处切断盟军北方集团军弯曲的左臂。此举很像奥斯特利茨战役中拿破仑率军夺取普拉钦高地②，切断奥俄联军的迂回运动，并突破中央阵地，只不过此次行动规模更大，速度更快，装备更精良。

* * *

随着甘末林将军一声令下，北部集团军火速前往支援比利时，所到之处，人们无不欢呼雀跃。5月12日，“D”计划第一阶段基本完成。法军控制了从默兹河左岸到于伊的阵地，随着敌军越来越多，攻势越来越猛，默兹河对岸的法国轻装部队只得节节后退；法国第一集团军的装甲师抵达于伊—汉诺—蒂尔蒙一线；艾伯特运河失守之后，比利时人退守吉特河防线，按既定计划撤回安特卫普到卢万的规定阵

---

① 法国“动员”的五百万人，有许多是非武装人员——例如在工厂、田地里工作的人，等等。

② 发生于1805年，又称“三皇会战”。——译者注

地；列日及那慕尔尚未失守；法国第七集团军占领了伐耳赫伦岛和南贝弗兰德，在赫伦塔耳斯—贝亨—沃普—索姆一线与德国第十八集团军的机械化部队正面遭遇；法国第七集团军行军神速，已早早甩掉补给队伍；英国空军虽数量不占优势，但已经开始显现出质量上的优势。综上所述，直到12日晚上，一切事实都表明计划进展十分顺利。

然好景不长，13日，戈特勋爵所在的总司令部察觉到，德军正在集结兵力向法国第九集团军发起攻击。夜幕刚刚降临，德军已占领迪南和色当之间的默兹河西岸。直至此时，法国最高统帅部尚未搞清德国作战意图，到底德军是要经由卢森堡进攻马奇诺防线的左翼，还是要经由马斯特里赫特，直取布鲁塞尔呢？很快，在甘末林将军尚未察觉的情况下，战火已经在卢万—那慕尔—迪南到色当一线烧起来了，因为法国第九集团军还未来得及在迪南安置下来，敌人就已经到达了。

*　*　*

14日，噩耗接连传来。起初，所有事情都不明朗。下午七点，我在内阁会议上宣读了雷诺先生发来的电报：德军已经从色当突破，法国无力抵抗坦克和俯冲轰炸机的联合进攻，请求英国增援十个战斗机中队，用以重整战线。参谋长委员会收到的其他电报也大抵如此，法国方面还表示，甘末林将军和乔治将军已意识到事态的严重性，甘末林将军对德军的挺进速度惊讶万分。事实上，克莱斯特指挥的集团军群，凭借强大的轻重装甲部队，在与法军的正面冲突中所向披靡，得以击溃或全歼法国士兵，现正以前所未闻的速度向前挺进。德军兵力全线占优，来势汹汹，难以抵挡。更糟的是，德军已有两个装甲师在迪南地区渡过了默兹河。北部的法国第一集团军处境最糟。英军第一军和第二军依然据守着瓦弗—卢万一线，而第三师也在蒙哥马利将军的指挥下，殊死搏斗。再往北去，比利时军队正向安特卫普的防线回撤，临海地区的法国第七集团军也在飞速回撤，速度之快，远超先前的行军速度。

自敌军入侵之日起，我们便开始执行“皇家海军”计划①，向莱茵河“流放”大量漂浮水雷，仅第一周就投放了近一千七百枚。这些水雷此刻派上了用场，致使卡尔斯鲁厄到美因茨之间的交通全部瘫痪，位于卡尔斯鲁厄的大量堤坝和浮桥②都遭到破坏。然而，这一成就立马被接踵而至的噩耗淹没。

英国空军中队全力出击，连续作战，集中主要精力试图炸毁色当地区的浮桥。在英国空军的全力进攻下，部分浮桥被成功摧毁或重创。但英国空军执行低空轰炸任务时，在德军高射炮的扫射下损失惨重。曾经有一次，六架飞机一起执行轰炸任务，任务完成后，只有一架成功返航。单这一天，英国就损失六十七架战机，由于当天的主要敌人是德国的防空部队，因此只击落德国五十三架战机。一直到当夜，驻扎在法国的英国皇家空军损失惨重，四百七十四架战机中能用来继续战斗的只剩下二百零六架。

我们陆续收到前线发来的战报，虽然英国空军在质量上占优，但若继续照这种规模战斗下去，英国空军迟早会被消耗殆尽。目前，我们面临的问题是：在确保本土防御万无一失的前提下，英国究竟可以派出多少空军支援法国？鉴于许多有力的军事论断以及我们的本性驱驶，我们能够理解法国为何不断迫切地提出要求支援。但话说回来，我们的支援应该有一个度，倘若超过这个限度，我们就会搭上自己的性命。

此时，战时内阁一天要开数次会议，商讨如何解决眼下所面临的各项难题。首都战斗机司令部总指挥道丁上将曾向我保证，若想保卫英伦三岛，抵御德国空袭，英国只需留守二十五个战斗机中队便可，但若少于这一数量，他也无力回天。届时，英国空军将遭到毁灭性打击，所有机场以及飞机制造厂（决定着英国命运）都将遭到彻底摧毁。然而，我和内阁成员们商量后，决定铤而走险（很大的风险），

---

① “皇家海军”计划最初制定于 1939 年 11 月，这些水雷是从法国境内的上游投入河中，按计划要沿莱茵河顺流而下，以破坏敌人的桥梁和船舶。详见本套书第四册附录。

② 指用船或浮箱代替桥墩，是浮在水面的桥梁。——译者注

继续派遣空军支援法国，只要不超过这个限度，我们定当全力以赴，不计代价。

15 日清晨，约七点半钟，有人叫醒我说，雷诺先生打电话过来。电话就在我的床边，电话那头，雷诺先生语气严肃地用英语说道：“我们被打败了。”我没有立刻回应他。他又继续说道：“我们被打败了。这一仗，我们输了。”我说：“那也不至于这么快吧？”雷诺先生接下来说的话，大抵的意思是“色当附近的战线已被突破，大量德军坦克和装甲车接踵而至”。我想了想，安慰道：“据以往经验来看，德军马上会停止进攻，稍作休整。我还记得 1918 年 3 月 21 日那天，在五六天疯狂的进攻后，德军停止了推进，等待后方补给。而就在此时，协约国军队抓住机会，发动反击。这是我听福煦元帅亲口说的。”我们过去见多了这样的情况，以前是，现在应该也是。然而，这位法国总理又开始重复一开始的那句话：“我们被打败了，这一仗，我们输了。”见状，我说我愿意亲自前往法国，同他当面谈谈。

15 日当天，柯拉将军率领的法国第九集团军溃不成军。其残余部队被整编为两支：一支归入吉罗将军领导的法国第七集团军，继续留守北部防线；另一支由在南方刚成立的法国第六集团军司令部调遣。德军在法国防线上撕开了一条长约五十英里的口子，装甲部队得以长驱直入。据悉，15 日晚，德国装甲车已经抵达利亚尔和蒙科尔内，蒙科尔内位于原来战线后方六十英里处。来梅尔以南的一段五千码①的战线上，法国第一集团军也被突破了。再往北去，英国远征军成功抵住了德国的每一次袭击，但迫于德军压力及右翼一个法国师的败退，英军不得不组建一个新的朝南的侧翼防线。法国第七集团军已经退至斯凯尔特河以西的安特卫普防线，并被逐出伐耳赫伦岛和南贝弗兰德岛。

---

① 英制单位，1 码为 3 英尺。——译者注

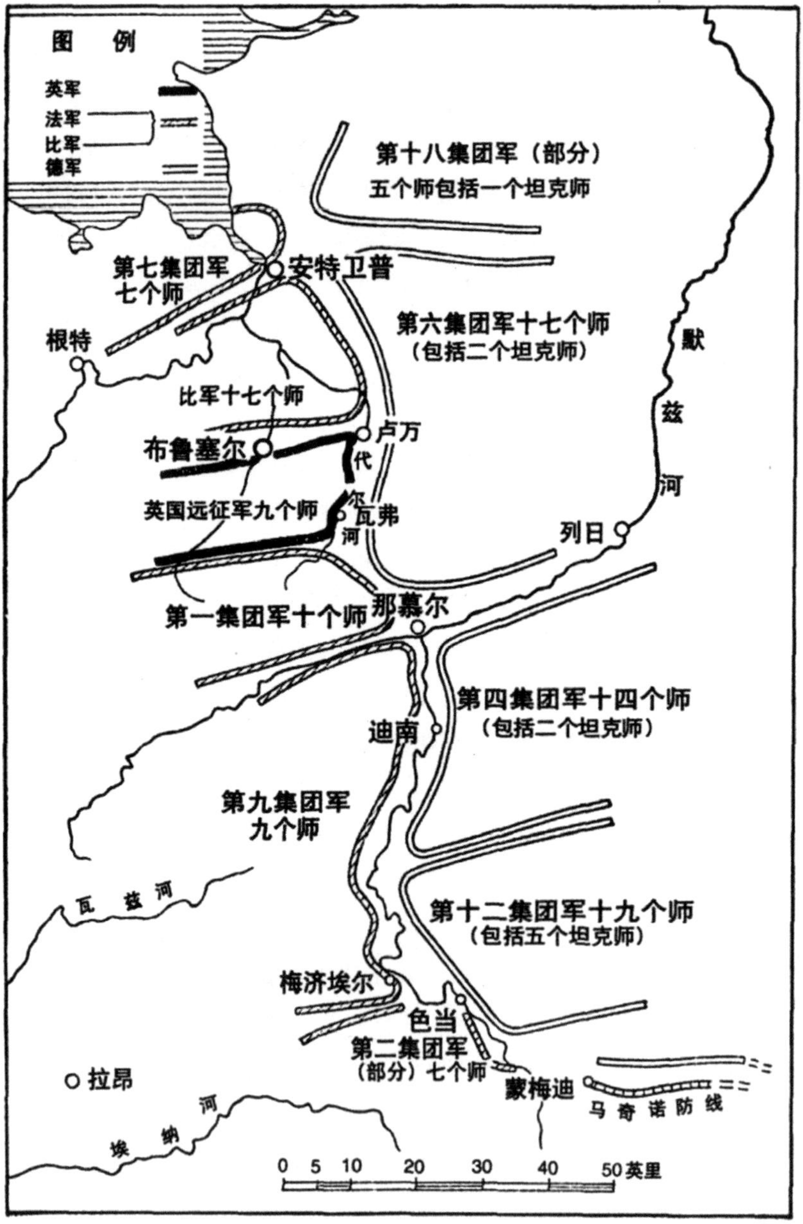

5 月 13 日双方的形势（照原图译制）

当天，荷兰也停止抵抗。由于荷兰最高统帅部于上午十一时同德军签订“停火协定”，只有极少数荷兰士兵撤了出来。

眼下一片狼藉，俨然一副战败的景象。第一次世界大战时，我曾无数次目睹这样的场景，但即便战线被敌军突破，甚至是大面积突破，我目前也并没有意识到由此带来的严重后果。由于已多年未接触官方情报，我没有想到，一战过后，运用大量快速重型装甲部队进行袭击，会带来如此剧烈的变革，其威力与速度闻所未闻。尽管我听说过这种情况，但这依然未能瓦解我必胜的信念，即便这一信念有所动摇，我也只能坦然接受。我随后致电乔治将军，乔治将军倒是很镇静，他说他们仍在顽强抵抗，试图修补德军在色当地区撕开的缺口。甘末林将军也发来电报说，尽管那慕尔和色当一线战事吃紧，但他仍然镇定自若，全力奋战。当天上午十一时，我向内阁汇报了雷诺先生的电话以及其他消息，三军参谋长出席会议。

16 日，德军先头部队已经抵达拉卡佩尔—韦尔万—马尔—拉昂一线，第十四军先锋则在蒙科尔内和埃纳河畔的纳夫沙泰尔，予以支援。拉昂的沦陷，意味着德军已从色当附近又往前推进了六十英里。面对这种威胁及自身越来越大的压力，法国第一集团军和英国远征军收到指令开始回撤至斯凯尔特河，分三个阶段完成。虽然英国陆军部对上述形势并不知悉，也不清楚战况，但众人皆知，目前形势紧急，刻不容缓。因此，我觉得有必要于当天下午前往巴黎。

* * *

我们必须要做好准备，前线的种种不幸可能会给我们带来新的敌人。尽管目前没有任何迹象显示意大利的政策有丝毫改变，但我们已经下令，让海运大臣疏散地中海上的舰只。英国舰只返航时，应避开亚丁湾。我们也已下令，让载运澳大利亚军队到英国的舰只绕道好望角。国防委员会接到指示，开始考虑一旦意大利参战，我们应迅速采取什么措施，尤其是针对克里特岛。与此同时，撤退亚丁和直布罗陀

民众的计划也已开始实施。

*　　*　　*

当天下午三点，我乘坐“红鹤”式客机飞往巴黎，这种客机为政府专用，全英国只有三架，同行的还有帝国副总参谋长迪尔将军和伊斯梅将军。

“红鹤”式飞机的时速约为一百六十英里，乘坐起来非常舒适。由于“红鹤”式飞机未配备任何武器装备，因此需要护航，我们穿越积雨云，一小时多一点就到了布尔歇机场。当我们一行人走下“红鹤”式飞机时，便意识到情况远比我们预想的要糟。前来接机的官员告诉伊斯梅将军，至多再有几天，德军便将进抵巴黎。我们先去英国驻法大使馆了解情况，随后便驱车赶往法国外交部，并于下午五点半到达。我被带到一间精致的房间里，雷诺先生、国防部长兼陆军部长达拉第和甘末林将军都在那里。所有人都站着，没有任何人围着桌子坐下。每个人的脸上都写满了严肃。甘末林将军面前摆放着一个学生用的画架，画架上铺开一张约两平方码的地图。地图上用黑色墨水标出了盟军防线，位于色当地区的防线上有一块很小但很不祥的“凸出部”①。

总司令简要说明了当前的形势：色当北部和南部地区防线，被德军撕开了一条长约五十到六十英里的缺口，德军从这个缺口源源不断地涌进来。德军所到之处，法军溃不成军。一大波德军装甲车正以闻所未闻的速度向亚眠和阿拉斯地区挺进，意图很明显，不是要在阿布维尔或其附近一带推进到海边，便是要直取巴黎。装甲师后还有八个或者十个摩托化师，从两翼向前推进，行进过程中负责清理两侧被德军装甲车冲散的法军。这位将军说了大概五分钟，中途未有一人出声。

---

① 指德军在战斗初期在盟军防线上制造出来的“凹痕”，位于比利时东南部、卢森堡北部和法国东北部阿登森林。——译者注

末了，大家沉默了许久。我接着问道：“战略后备队呢？”怕他们听不懂，我随即又改用法语问道，“机动部队在哪里？”甘末林将军转过身来，摇摇头，耸了一下肩膀：“一个也没有。”

随后，又是一阵沉默。我把目光转向窗外，外交部的花园里，几堆大火正冒着滚滚浓烟，年迈可敬的法国官员们用小车推着档案向火堆走去。看来，法国当局已经在做撤出巴黎的准备了。

过往的经验对我们来说有好有坏，但我们应当清楚地认识到，任何回忆都不会重演，否则我想生活也未免太简单了。此前，我们的防线也屡次被攻破，但我们总能重整旗鼓，遏制敌人的进攻势头。但现在多了两个新的变数，让我始料未及：第一，德国装甲车所到之处势不可挡，交通线和村庄遭到严重破坏；第二，没有战略后备队。甘末林将军的那句“一个也没有”，让我万分惊讶。这让我们该如何看待强大的法国陆军及其高层将领们呢？我从未料到，负责把守五百英里防线的法国将领们，竟然未给自己预留大批机动力量。谁也无法保证能够守住这么长的战线，但我们能做到的，也是必须要做的，就是给自己准备大批的机动力量，这样一来，当敌军的第一波火力慢慢消退时，我们便可趁机上前，发起猛烈反击。

马奇诺防线的作用是什么？它可以在很长一段国境线上为盟国的布防节约兵力，一方面可以为盟军的局部反攻提供很多突击口，另一方面还可以让大批部队变为后备力量，这也是做好这些事情的唯一办法。但是，我们现在没有后备部队。不得不说，这是我有史以来听过的最让我震惊的一句话。虽然我此前一直忙于海军部的事务，但为什么我没有更多地了解这种情形呢？为什么英国政府，尤其是陆军部没有更多地了解这种情形呢？不要再拿法国最高统帅部当借口，即便他们不愿向我们及戈特勋爵透露他们的具体战略部署，只愿透露大概信息，我们也应该坚持的。因为我们有权知道他们的计划，我们处在一条战线上，是共同奋斗的盟友。我又一次踱到窗前，随着法兰西共和国政府文件的焚毁，青烟徐徐升起，那些年迈的官员们依然推着小车，不断将文件往火堆里扔。

在场的人对几位核心人物轮番轰炸，围在他们身边的人换了一批又一批。对此，雷诺先生曾发表过一份详细的记录。雷诺先生将我描述成一个主战的人，说我坚持认为北部集团军不应后撤，相反，应当准备反攻。我确实是这么想的，但这并不是经过深思熟虑后的军事主张①。这是值得铭记的一刻，因为这是我们第一次认识到这场巨大灾难的严重性，或者说这是我们第一次看到法国人如此绝望。由于我们的陆军数量只有前线军队的十分之一，因此，我们的一切行动都听从法国指挥。法军总司令和其他法军官员们已然笼罩在绝望中，我和随行的英国官员们对此感到震惊。尽管我试图用我的言语去激励他们，但一切都是徒劳。然而，他们的确是对的，尽快南撤是很有必要的。不久，人们便意识到这一点。

不久，甘末林将军又一次开口了。他在谈论现在是否应该调集军队从敌军突破口或“凸出部”（我们日后都是这么称呼这类区域的）侧翼展开进攻。有八九个师正从较平静的前线地区（马奇诺防线）回撤；尚有两到三个装甲师处于闲置状态；还有八到九个师正从非洲战场赶来，预计两到三周便可抵达作战区域。吉罗将军负责指挥缺口以北地区的法军。从此以后，德国就要通过两条战线间的走廊地带往前推进，在这两条战线上，我们可以参照1917年和1918年所采取的方式进行战斗。德国或许无法据守走廊地带，因为德军既要建立日益扩

---

① 关于到底发生了什么，由于出现了不同的版本，我便让伊斯梅勋爵回忆了当时的情形（当时，他一直在我身边）。他写道：

“我们没有围着桌子坐下来，当我们成群地走来走去的时候一定说了很多话。我确定你并没有就我们该怎么做而发表‘任何经过深思熟虑的军事主张’。当我们离开伦敦的时候，我们认为色当的突破导致情况变得很糟，但并不致命。1914年至1918年间，我们的战线也曾无数次被‘突破’，但全被我们挡住了，我们一般都会从凸出部的一侧或两侧反攻。”

“当你意识到法国最高统帅部已经觉得满盘皆输时，你问了甘末林很多问题，我相信这些问题有双重目的，首先，你是想知道到底发生了什么以及他打算怎么做；第二，你想制止这种恐慌。有一个问题是这样的：‘你打算何时、从何地朝凸出部的侧翼发动反攻？从北边还是南边？’我确定，你在会上并未提出任何特别的战略或战术主张。你所有论断的基调是：‘事情可能很糟，但绝对不至于无法挽回。’”

大的两个侧翼防卫，与此同时，又要为装甲部队的进攻提供补给。甘末林大概就是这个意思，听起来很有道理。但我发现，甘末林将军的话并未让在场的法国高官们（目前仍在把控局势的少数人）信服。我又问甘末林将军，准备何时何地向“凸出部”发起反攻。他回答道：“目前我们在人数、装备、部署各方面都处于劣势。”语毕，甘末林将军无可奈何地耸了耸肩。这是事实，无可争议的事实。鉴于我们在开战以来只贡献了微不足道的力量——开战八个月来，我们仅派出十个师，其中连一个现代化的坦克师都没有，我也无话可说。

这也是我最后一次见到甘末林将军。他深爱着自己的祖国，是位善良、深谙战事且有故事的人。

*　　*　　*

目前，甘末林将军所说的话的主旨，事实上也是法国最高统帅部以后的论断的主旨——即法国在空战中处于劣势。因此，他们迫切希望英国皇家空军增派轰炸机中队和战斗机中队（主要还是战斗机中队）。法国沦陷前的数次会议上，法国代表不断重申这一请求。其间，甘末林将军曾说，他们不仅需要战斗机来掩护法国陆军，还需要用它来打击德军坦克。我回应道：“不然。打击坦克是炮兵的责任，战斗机的主要任务是清除敌方空军势力，夺取制空权。”守卫伦敦的战斗机中队无论如何都不能被调离英国，这是我们赖以生存的希望。然而，现在我们要将它缩减到最低限度。今早，在我来巴黎之前，内阁已经批准派遣四个战斗机中队支援法国。回到大使馆，我和迪尔商谈后，决定请求内阁再增派六个战斗机中队。这样一来，英国本土只剩二十五个战斗机中队，也就是我们之前说的最低限度。这是一项艰难的决定，我让伊斯梅将军打电话回国，让内阁立即召开会议讨论我的紧急电报，电报将于一小时后发出。由于此前安排了一名印度军官在他的办公室执勤，伊斯梅将军打电话时和他用印地语交流。我发出的电报如下：

目前形式极端严峻，若内阁能召开紧急会议，商讨下列事宜，我将万分欣慰。凶残的德国人已经攻陷色当，他们发现法军部署不当，将主要兵力部署在北部，其他部队则在阿尔萨斯地区。法国增援部队（二十五个师）至少需要四天才能赶到，开始守卫巴黎并从“凸出部”侧翼展开反攻。

三个德国装甲师，连同两个或三个步兵师已经冲过缺口，长驱直入，大批部队紧随其后。目前摆在我们面前的有两个严重的危险：第一，英国远征军孤立无援，很难全身而退，撤回旧防线；第二，德国的进攻可能会让法军消耗殆尽，法军甚至可能都来不及充分集结。

法国司令部下令，不惜一切代价保卫巴黎，但已经开始在花园里焚毁外交部的档案。我认为，未来的两三天或者四天对巴黎乃至整个法国陆军都显得至关重要。法方对我们同意增援四个战斗机中队感激万分，但是，眼下我们必须面临的问题是：是否应当继续调遣更多的战斗机中队支援法国？我们的大部分远程重型轰炸机是否能于明日及以后的几个夜晚，轰炸正横渡默兹河涌向“凸出部”的大批德国部队？但即便如此，后果如何也不敢保证。目前，唯有取得“凸出部”战役的胜利，法国才能避免重蹈波兰覆辙，防线才不至于被迅速瓦解。我认为，我们应当响应法国政府的请求，于明日派遣战斗机中队（比方说六个）支援法国。届时，我们将调遣两国全部可用的空中力量，在未来的两到三天里，对“凸出部”发动重点打击，力争掌握制空权。当然，我们并不寄希望于夺取“凸出部”，这么做的目的只是为了给法军赢得喘息的机会，让他们得以重振士气。倘若我们拒绝法国的请求，从而导致法国陷落，那我们可能会落人话柄。况且，我们现在完全有能力调动重型轰炸机在夜间对德军进行轰炸。显然，德军已经出动所有飞机和坦克，倘若我们此时发动反攻，德军的推进也会变得日益艰难。即便法国沦陷，在法国

的英国空军也可以转而掩护英国远征军撤退（如果不得不撤退的话）。在此，我有必要再次重申事态的紧急性，以上便是我对此事的看法。迪尔没有异议。请告诉我你们打算怎么做，为了鼓舞法国人，我今晚午夜前必须给法方答复。请你们商量后，用印地语打电话给大使馆的伊斯梅，告知结果。

1940 年 5 月 16 日下午 9 时

约晚上十一点三十分，内阁“同意”了。我和伊斯梅立即乘车前往雷诺先生府邸。他的住处黑沉沉的。稍等片刻后，雷诺先生穿着睡袍从卧室里走了出来，我告诉了他这个好消息。十个战斗机中队！我让雷诺先生把达拉第先生叫来，达拉第先生即刻奉命赶来，我们一起分享了内阁的决定。我们希望能在我方力量允许的范围内，用这种方法来重振法国朋友的士气。达拉第一言未发。末了，他从椅子上缓缓起身，握住我的手。我于凌晨两点返回大使馆，那一夜，尽管耳边不时传来空袭的炮火声，让人辗转反侧，但我却睡得很好。第二天上午，我乘飞机返回英国，尽管眼下千头万绪，我依然将重心放在组建新政府的二级人员上。

第四章

FOUR

法兰西之战（下）

战况愈发严峻——地方防卫志愿军——从东部抽调援军——甘末林将军颁发的最后一道命令：第十二号命令——魏刚上任——法国内阁改组——关于集结小型舰只的命令——“发电机”行动——法军无力应对德国装甲部队——艾恩赛德的报告——议会通过决议赋予政府以特殊权力——魏刚计划——北方集团军的危机——阿拉斯附近的小规模战役

17 日上午十点，战时内阁召开会议，会上，我就此次巴黎之行的见闻以及当前的局势做了汇报。

我说，我已经告诉法国人，他们必须竭尽全力去战斗，否则我们就没有必要冒着灭国的危险，增派战斗机中队去支援法国。我认为，提升英国空军实力是我们眼下面临的最棘手的问题之一。据称，德国损失的飞机数为我们的四到五倍，但我听说法国的战斗机数量只剩下原来的四分之一。现如今，甘末林将军认为法国已经“战败”。据悉，甘末林将军曾说：“我只能确保巴黎在今天、明天（18 号）以及明天晚上是安全的。”挪威方面，我们随时可以占领纳尔维克，但驻守挪威的科克勋爵却收到来自法国的消息，称其自身难保，不会再向挪威增派援军了。

形势越来越紧张。接乔治将军的指示，英军占领了从杜亚到佩龙讷一整条线上的据点，还延长了防护翼，用以掩护阿拉斯（公路枢纽，盟军南撤的必经之地）。当天下午，德军攻进布鲁塞尔。第二天，德军进抵康布雷，并经由圣昆廷，将我们的小股部队赶出了佩龙讷。法国第七集团军、第一集团军、比利时军、英国远征军继续向斯凯尔特河方向撤退。当天，登德河沿岸的英军仍在顽强抵抗，随后被整编成一支分遣队，名为“彼得军”（由彼得少将率领的临时分队），用以防卫阿拉斯。

5 月 18 日—19 日的午夜，比约特将军前往司令部，赶去拜访戈特勋爵。这位法国军官给出的提议就如同他的神情一样，令盟军绝望。从这一刻开始，英军总司令开始意识到可能要向沿海方向撤退了。当时，戈特勋爵曾在一份电报中写道：“眼前的景象（19 日晚）已经不仅是战线被压弯或是暂时被突破那么简单了，我们已经被包围了。”后来，这份电报于 1941 年 3 月出版。

在出访巴黎，并参加完一系列的内阁会议后，我认为很有必要跟我的同僚们商量一些问题。于是，我写了封电报。

首相致枢密院长：

以下两个议题是眼前的重中之重：第一，法国政府即将撤出巴黎（巴黎陷落）将会带来的影响；第二，英国远征军撤离法国（或沿法国交通线，抑或是经由比利时及海峡各港口）可能引发的问题。得知枢密院同意于今晚就此事展开讨论，我万分感激。当然，我今天所做的报告只不过是想表达我对此事的一些顾虑，具体计划仍需交由参谋长委员会商量决定。我也将于六点三十分亲自同军事当局商议此事。

1940 年 5 月 17 日

*　　*　　*

荷兰的陷落牵动着我们每一个人的心。艾登先生曾向战时内阁提议，要求组织地方志愿军参加战斗，这一计划正在积极推进中。在英国的每一个小镇，每一个村庄，都有一大群意志坚定的人拿起霰弹枪、猎枪、棍棒和长矛，响应号召，自发地组织起来。很快，一支庞大的队伍会像雨后春笋般发展壮大起来。但我们必须认识到，眼下仍迫切

需要组建正规军，其力量也至关重要。

*　*　*

首相致伊斯梅将军，转参谋长委员会：

1. 敌军的伞兵登陆后，大批空降兵可能也会接踵而至，对此，我认为英国现有兵力尚不足以应对。当然，因为法兰西之战胜负尚未分晓，现在考虑这一问题还为时尚早。

我希望参谋长委员会即刻商讨下列事宜，以便迅速展开行动：

（1）用运送澳大利亚军队到苏伊士的舰只，把英国驻巴勒斯坦的八个步兵营正规军运回国内，运送过程中可能会有危险，所以请派遣部分舰队护航。至于回国路线，则由你们商量决定，我个人建议取道地中海。

（2）澳大利亚快速护航队将携一万四千名士兵于六月初抵达。

（3）该舰队抵达英国后，应从本土防卫自卫队①中抽调八个营，将其运往印度，同时，从印度抽调八个营（或者更多）的正规军，将其运回英国，快速护航队的速度必须要加快。

2. 关于此前委员会提出的控制外侨的建议（我记在另外一张纸上），我认为应当全面付诸实施。与此同时，我们也应当采取措施对付国内的法西斯势力，其中有相当一部分人（包括头目），应当予以保护性或预防性拘留②。当然，开展的任何行动都应当提前向内阁报备。

3. 参谋长委员会应当考虑是否要将用以增援法国的英国

---

① 由英国地方自卫队整编而成。——译者注

② 在起诉和审判前将被告人监禁的做法，以防止其犯罪。——译者注

装甲部队减半。因为德国可能会向法国提出诱人的媾和条件，法国有可能会向德国投降，倘若果真如此，届时抵御德国入侵的重担将完全落在我们头上。

1940 年 5 月 18 日

*　　*　　*

我认为很有必要在征得同僚们同意后，将下面两封沉重的电报发给罗斯福总统，告诉美国，若英法两国沦陷，美国的利益也将严重受损。内阁成员们盯着我拟的草稿看了很久，但并没有做任何修改。

前海军人员致罗斯福总统：

眼下局势十分严峻，相信不用我多说。不管法兰西之战的结果如何，英国都将奋战到底。我们必须做好准备，德军可能很快就会像攻打荷兰一样攻打英国，我希望我们能打好这一仗。倘若美国愿意支援英国，那么请迅速行动。

1940 年 5 月 18 日

前海军人员致罗斯福总统：

洛西恩①已经将你们的谈话内容汇报给了我。对于你的难处，我表示理解。你说美国暂时不能向英国提供驱逐舰，对此我深表遗憾。倘若美国的驱逐舰能于六周内抵达，那必能派上重要用场。法兰西战役给交战双方都带来非常严重的损失。空战方面，德国损失惨重，但尽管德国损失的飞机数为我方的两到三倍，他们仍在数量上占有优势。因此，我们急需大量贵国空军配备的柯蒂斯 P－40 型战斗机，希望你方尽快交付。

① 英国驻美大使。——译者注

针对你和洛西恩在结束时谈到的问题，我在此声明，不管发生什么，我们必定会战斗到底，誓死保卫英伦三岛。倘若美国能满足我们的要求，向我们提供必要的援助，那么空战方面，我们凭借质量上的优势，将有望与德国抗衡。倘若美国放任当前局势不管，届时，英国战败，现政府可能会垮台，但即便如此，我们也绝不会投降。若当前政府垮台，英国沦为一片废墟，新政府被迫同德国和谈，那么彼时唯一的希望便寄托在英国海军上了；如果美国继续放任德国肆意妄为，那么倘若英国战败，新政府为顾及幸存的百姓不得不同德国讲和时，谁都没有权利指责英国政府。总统先生，请原谅我的冒昧直言。我无法确保我的继任者能像我一样，誓死与德国抗争到底，因为一个人在绝望和孤立无援时很容易屈服。幸运的是，目前事态尚未发展到这一步，我们也不用考虑这么多。再一次感谢您的好意。

1940 年 5 月 20 日

* * *

目前，雷诺先生正对法国内阁及最高统帅进行重组，这一重组影响深远。18 日，贝当元帅被任命为法国军事委员会副主席。雷诺先生将外交部部长一职让给达拉第先生后接任国防兼陆军部长。19 日下午七点，甘末林将军被撤职，刚从黎凡特地区[①]赶回的魏刚被任命为新的国防部总参谋长和法军总司令。魏刚将军在担任福煦元帅的参谋长时，我便已认识他。1920 年 8 月华沙战役中，魏刚曾帮助波兰挫败了苏俄的入侵（这一仗对整个欧洲至关重要），对此，我十分钦佩。魏刚将军现已七十三岁高龄，但据说依然雷厉风行且精力充沛。5 月 19

① 是一个不精确的历史上的地理名称，它指的是中东托罗斯山脉以南、地中海东岸、阿拉伯沙漠以北和美索不达米亚以西的一大片地区。——译者注

日上午九点四十五分，甘末林将军发布了他在位期间的最后一道命令（第十二号命令）。据甘末林将军指示，北方集团军不应坐以待毙，应在德军合围之前，不惜一切代价向南挺进到索姆河，并向沿途上曾切断盟军交通线的德军坦克师发动攻击。与此同时，第二集团军及重新整编的第六集团军应向北突进直到梅济埃尔。这些命令是正确的，其实早在四天前，法军统帅部就应该下令让北部大军全部南撤。因为一旦察觉敌人准备从色当突破，北方集团军的唯一希望便是立即向南撤到索姆河。但是，比约特将军当时却只下令，让军队一部分一部分的逐步向南撤到斯凯尔特河一线，并针对右方敌军重新组建了一条侧面防护翼。现在下令让大军南撤，依然为时不晚。

由于北方集团军指挥混乱，加上法国第一集团军的溃败，英国战时内阁目前一头雾水，焦虑万分。我们看似冷静、沉默，但沉默的背后是永不退却的激情，我们步调一致，上下一心。19 日下午四点半，我们得知戈特勋爵正在商讨“必要时应组织英国远征军向敦刻尔克方向撤退的计划”。然而，帝国总参谋长艾恩赛德却不同意这一做法，他同我们大部分人的想法一样，认为英军应向南挺进。因此，我们派他向戈特勋爵传达我们的指令：戈特勋爵应当指挥英军向南挺进，突破德军包围，力争与南部的法军会师。此外，我们还应敦促比利时军队配合这一行动，或者，我们可以尽全力帮助比军沿英吉利海峡各港口撤出。此外，关于上述决定，我们将自行通知法国政府。与此同时，我们还决定将迪尔派往乔治将军所在的司令部，为期四天，由于我们与司令部之间有一条电话专线，迪尔就负责由此向我们汇报每日的最新战况。由于通讯不畅，我们与戈特勋爵的联络时断时续，据消息称，英国远征军的供给只能再支撑四天，弹药也只够一场战斗。

*　　*　　*

在 5 月 20 日早上的内阁会议上，我们又再一次商讨了目前远征军所处的形势。我认为，即便英军成功向南撤到索姆河，那也会有大量兵力被切断或被德军赶至英吉利海峡。以下是这次会议的记录："首相认为，为防万一，英国海军部应当集结尽可能多的小型舰只，随时准备驶往法国沿海港口和海湾。"接到指示后，海军部立即采取行动，随着战事的日益恶化，海军部的行动越来越积极。从19日开始，该行动便交由多佛尔军港司令、海军中将伯特伦·拉姆齐全权指挥。当时，他手下拥有停泊在南安普敦和多佛尔港的三十六艘各色私人舰只。20日下午接伦敦方面指示，相关人员和海运部代表在多佛尔召开第一次全体会议，商讨"经由海峡紧急疏散大规模部队"的计划。按计划，必要之时，我们将从法国沿岸的加来、布洛涅和敦刻尔克三个港口以每天每港一万人的速度进行撤退。第一批分队由三十艘客轮、十二艘海军漂网船及六艘近海贸易货船组成。5月22日，海军部征用四十艘在英国避难的荷兰舰只，为其重新配备海军水手，并于25日到27日间将这些舰只编入英国海军。与此同时，海运官员奉命将从哈里奇到韦默思一带的所有达到一千吨的舰只全部登记入册，并开始全面排查停泊在英国港口的所有可用舰只。这一行动代号为"发电机"计划，在短短的十天时间内，将三十四万大军从死亡陷阱中拯救出来，创造了二战史上的一个奇迹。

*　　*　　*

德军的作战意图已经表露无遗。大批德国装甲车和机械化师①从色当地区继续向亚眠和阿拉斯方向推进，随即沿索姆河往西向沿海地区挺进。20日晚，德军已经进入阿布维尔地区，至此，德军已经切断北部集团军全部交通线。德军穷凶极恶，所到之处如入无人之境，德国坦克——可怕的"德国战车"在法国广阔的土地上肆意驰骋，得益于机械化师的协助和补给，正以每天三四十英里的速度向前推进，就

① 机械化师是以无装甲防护的步兵为主体的部队，通常有一定的运输能力和压制火力。——译者注

这样轻松地开过成百上千的村庄和城镇，坦克上的德国军官们从炮塔上打开的舱盖那儿朝沿途的百姓得意扬扬地挥手致意。据目击者称，与德军坦克同行的还有成群结队的法国战俘，有一些手里还拿着枪，时不时地被德军收走，扔在坦克下面压毁。我对此感到诧异，德国仅凭几千辆装甲车便轻而易举地击败了强大的法国陆军，而法军防线一旦被击破，法军就立刻土崩瓦解，放弃了所有抵抗。值得一提的是，德军一直沿着主干道向前推进，沿途竟未遇到任何抵抗。

早在 17 日，我就曾问过空军参谋长："难道我们就不能在夜间找到德国装甲车的安扎点并实施轰炸么？德国的装甲部队势如破竹，所到之处，盟军皆七零八落，溃不成军。"

我发了封电报给雷诺：

祝贺魏刚元帅接任法军总司令，我们充分信任他。

德军坦克正不断突破脆弱的防线，继续向前挺进，想要阻止这一势头已经不可能了。任何想要弥补防线漏洞，围剿入侵德军的想法都是错误的。相反，正确的做法应该是敞开缺口。即便敌军坦克开过来，我们也不必过分惊慌。就算他们开进了城镇又怎样呢？我们应当派步兵把守城镇，一旦敌军坦克操控人员离开坦克，就立即朝他们开火。倘若他们不离开坦克，就得不到食物、水以及燃油补给，只能在慌乱中逃走。若有可能，我们也可以炸毁一些建筑物，用以阻止敌军坦克的推进。对于每一个位于交通枢纽上的城镇，我们都可以采用这种方法。针对开阔地带的坦克师，我们一定要派遣少量配备大炮的机动部队予以追击。相信不久后，敌军的坦克履带便会慢慢磨损，性能也会慢慢降低。这就是我们对付敌军装甲师的方法。由于敌军主力部队并不会这么快抵达，我们获胜的唯一方法便是趁机攻击其侧翼部队。要想赢得这场战役，我们就必须运用多种方式进行战斗，争取将它变成一场混战。敌军攻击我方交通线，我们也应当以其人之道还

治其人之身。此刻，我比战争刚开始时更加有信心，但这一切都建立在盟军协同奋战的基础上，我希望英国很快能有机会加入战斗。以上是我的个人看法，我这么说，希望不会冒犯您。

敬请勋安。

1940 年 5 月 20 日

魏刚一上任，便立即下令撤销甘末林于 19 日上午下达的第十二号命令。魏刚接掌指挥权时，法国大势已去，因此对他的做法我们予以理解。魏刚将军上任后要求亲自到法国北部视察军情，向当地官员了解情况，以便制定下一步作战方针。但此刻形势危急，我们已时日无多。魏刚元帅不应该在紧急时刻撇下最高指挥官应尽的责任，而在旅途奔波中浪费时间，延误战机。关于此事，下面自有详细描述。20 日早上，魏刚接替甘末林将军的职位后，便定于 21 日前去视察北部集团军。得知通往北部的交通线已被德军切断后，他决定乘飞机前往。途中，他的飞机遭到攻击，不得不迫降于加来，定于伊普尔的会议也不得不推迟至 21 日下午三点举行。比利时国王利奥波德和比约特将军出席会议。戈特勋爵由于未收到通知，因而缺席本次会议，参会的唯一英国官员为凯耶斯上将，凯耶斯上将作为比利时国王的陪同，并没有实际的军权。事后，比利时国王将这次会议描述成“四小时的东拉西扯”。会上谈论的议题有：英、法、比三国军队合作问题；魏刚计划的执行问题；以及倘若计划失败，三国军队的撤离问题。会议讨论得出，如果魏刚计划失败，届时，英、法联军应当退到利斯河，比军则撤到伊瑟河。当天晚上八点，未等戈特勋爵赶到，魏刚元帅便因故不得不离开伊普尔。戈特勋爵赶到时，比约特将军将一份会议记录转交给戈特勋爵。魏刚元帅乘车返回加来，后又转乘潜艇经迪埃普返回巴黎。负责指挥北方集团军军事行动的比约特将军在返回途中因车祸丧生，魏刚计划也因此再次被搁置。

*　　*　　*

21 日，戈特勋爵接到内阁指示后，让艾恩赛德带话返回英国：

1. 英国远征军要想南进，就必须穿过德国装甲师和机动部队把守的斯凯尔特河地区。南进的同时，后卫部队应向这一地区的德军发起冲击，届时，还应派兵掩护两翼部队。

2. 鉴于目前的管理状况，要想发动持续进攻是很困难的。因为，就目前来看，法国第一集团军和比利时军队不可能协助英国南撤。

艾恩赛德还补充道："目前北方集团军司令部内部指挥混乱；过去的八天里，比约特将军未能履行应尽职责，没有发挥协调作用，拿不出好的计划，北方盟军犹如一盘散沙；英国远征军依然士气高昂，开战以来仅死伤五百人。"他还向我们讲述了沿途见到的场景：路边挤满了难民，遭到德军飞机的不停轰炸。他自己也曾遇险。

因此，战时内阁目前面临两个选择，无论选择哪一个都凶险万分。第一，不管法、比是否愿意配合，英国军队都将不惜一切代价向南推进至索姆河，对此，戈特勋爵认为可行性不高；第二，英军退到敦刻尔克，以便从海上撤回英国。届时，面临德国的猛烈空袭，我们必将损失所有的大炮和装备，而这些装备在当时来说是十分紧缺且宝贵的。很显然，我们应当不惜一切代价选择前者，但我们同时也应当做好从海上撤退的准备，以防南进计划失败。我和阁员们说，我必须赶去法国，同雷诺和魏刚商议后，再做出最后的决定。迪尔将从乔治将军总部赶去与我会合。

*　　*　　*

此时，我的同僚们认为政府应当拥有更多的权利，于是他们在过去的几天里起草了一份法案，递交给议会。该法案将授予政府无限的权力，用以支配英王名下大不列颠臣民的生命、自由和财产。就法律

上来说，议会赋予的权利是绝对的。该法案的提出旨在让政府拥有“下令让枢密院制定一系列国防条款”的权利，以及像英王一样“若为了维护公共安全、保卫领土、维护公共秩序，或为了维护国家和人民的利益不得不发动战争时，有权支配大英帝国境内所有臣民的生命、自由以及一切财产”的权利。

至于人力方面，劳工大臣享有人员调配权利，他可以指派任何人员到任何需要他的位置上去。与此同时，这法案还包括一项有关公正待遇的条款，劳工大臣享有调控薪资水平的权利。各主要城市都应设立劳工供应委员会。宏观上的财产管理也应采取同样的方式，各大企业包括银行都应统一交由政府管理。各企业负责人应当做好账本记录，随时等待检查，所有企业的超额利润应全部上缴。与此同时，还应设立一个生产委员会，由格林伍德任主席，并委派一名劳工供应局局长。

22 日下午，张伯伦先生和艾德礼先生将议案提交至议会，艾德礼先生建议对此法案进行讨论。仅用一下午的时间，保守党占主导的上、下两院就一致通过这项法案，英王也于当晚批准。我当时的心情可用下面这首小诗①概括：

罗马战争时期的人们
不顾钱财和口粮
牺牲自我和小家
铸就了一段英勇的往日时光

* * *

5 月 22 日，我再次到访巴黎，此时法国政局已经发生了翻天覆地的变化：甘末林将军已经退位；达拉第也已改任外交部部长，不再插

① 选自英国维多利亚时代早期辉格派历史学家、政治家托马斯·巴宾顿·麦考莱的《古罗马叙事诗》。——译者注

手战事；雷诺先生任法国总理兼陆军部长。鉴于德军正在向西部沿海地区挺进，巴黎暂时安全。约正午时分，我同雷诺先生乘车前往法国统帅部所在地——万森。在统帅部的花园里，我见到了此前曾伴随在甘末林将军左右的几位军官——有一位个头很高的骑兵军官，此时正在花园里踱着步，一副忧心忡忡的样子。此时，副官解释道："还是过去的那一批人。"有人将我和雷诺先生引入魏刚的房间，魏刚不在；随后我们又来到地图室，那里摆放着最高统帅部的大地图，在那里见到了魏刚。尽管日夜操劳加上舟车劳顿，但魏刚将军依然精神矍铄、才思敏捷、积极乐观。他的激情和乐观的心态感染了在场的每一个人。他向我们展示了他接下来的作战设想。他说道，对于北方集团军的南进计划或后撤计划，他不敢苟同。据魏刚将军的设想，北方军队应从康布雷和阿拉斯附近向东南方向进发，直取圣昆廷，以便从侧面打击位于圣昆廷—亚眠地区的德国装甲师（因这片区域形似口袋，魏刚将军将这一地区称为袋状区）；比利时军队应当掩护北方集团军的后卫部队向东或向北（如有必要）挺进；与此同时，从阿尔萨斯地区、马奇诺防线、非洲以及各方战场抽调的十八到二十个师的法军，将在弗雷尔将军的率领下，沿索姆河构筑一条新的防线；该军左翼部队同时应沿亚眠方向向前推进直至阿拉斯，力争同北方集团军会师，持续向德国装甲师施压。魏刚说："我们务必将主动权从德国装甲部队手中夺过来。"魏刚将军已经将指示下达各地。此时，魏刚将军还告诉我们，知悉他全部计划的比约特将军在一次交通事故中意外丧生了。我和迪尔别无选择，只能认可魏刚将军的计划，因为我们确实找不到任何拒绝的理由，只能举双手表示赞同。我只想再强调一点："若想重新打通南北交通线，阿拉斯至关重要。"我还指出，当戈特勋爵在往西南方向进发时，还应当注意防卫通往沿海地区的交通线。为确保该计划万无一失，我口述了我的计划，让人拟成书面文件交给魏刚将军审核。经魏刚将军同意后，我向内阁汇报了此项计划，并发了封电报给戈特勋爵：

今早，我和迪尔一行人飞往巴黎。在和雷诺和魏刚商议

之后，我们达成共识，详见下文。这些结论和上次陆军部做出的指示完全一致。按计划，你将向巴波姆和康布雷进发，我们衷心祝愿你在这两场关键战役中取得佳绩。

决议如下：

1. 比利时军队应撤退到伊瑟河防线，水闸正在打开。

2. 英军应当尽快（最好是明天）与法国第一集团军向西南方向的巴波姆和康布雷发起进攻，约用八个师的兵力——比利时骑兵部队应在英军右方加以掩护。

3. 由于这场战役对交战双方至关重要，并且亚眠地区是英军与外界联系的重要交通线，因此英国空军应当在亚眠战役爆发时全面出击，夜以继日地为盟军提供空中支援。

4. 最新整编的法国集团军群此刻正在向亚眠地区进发，并沿索姆河构筑新防线，随后这一队伍应向北挺进，同正沿巴波姆一带向南进攻的英军会师。

1940 年 5 月 22 日

由此可见，魏刚的新计划与已经废除的甘末林将军提出的第十二号命令在内容上并无不同，只是各有侧重，英国战时内阁于 19 日下达的指示与此也并未有本质上的冲突。综上所述，三者都要求北方集团军向南挺进，如果可能的话，应当尽力摧毁德军装甲部队，力争与新组建的由弗雷尔将军指挥的法国军团在亚眠地区会师，倘若胜利会师，将有可能扭转战局。我曾私下里向雷诺先生抱怨：戈特勋爵曾连续四天未收到任何来自最高统帅部的指示；魏刚将军在接任后的三天里，竟也未有任何行动，一直在商议制定下一步计划。对联军最高指挥部进行改组的决定是正确的，但同时也造成了很严重的后果，贻误了战机。

那天，我在英国驻法国大使馆过夜。当天晚上，德军未曾向巴黎投放炸弹，耳旁只有零星的空袭声和枪炮声。德军对待巴黎和不久后对待伦敦的态度完全不一样。我很想去位于贡比涅的乔治将军的指挥

处探望他，我们之间的联络官斯韦恩准将曾和我待过一段时间，并向我描述了他所知道的有关法军的情况（只是他的个人见闻，比较片面）。他劝我最好不要在这个时候过去，因为在准备实施重大行动时，指挥层通常较为混杂，且交通线随时可能被切断，所以最好不要去。

由于联军最高统帅部迟迟未下达具体作战指示，贻误了战机，形势很快被敌军控制。17 日，戈特勋爵开始调集军队沿卢约尔古—阿尔勒防线进驻阿拉斯，并不断加强部队南翼兵力。法国第七集团军（除在伐耳赫伦岛战役中损失惨重的十六团外）悉数向南进发，顺利同法国第一集团军汇合。他们行军过程中虽途经英国后方，但并未引发严重混乱。20 日，戈特勋爵通知比约特及布朗夏尔将军说，他计划于 21 日派两个步兵师和一个装甲旅由阿拉斯继续向南进发，比约特将军同意从法国第一集团军群中抽调两个师予以支援。这支由十三个师组成的队伍集结在摩德—伐郎兴—得尼昂—杜埃之间的地区（一片长约十九英里、宽约十英里的长方形区域）。德军已于 20 日从乌顿那德地区跨过斯凯尔特河，此时英国的三个师（仍在抵御东部方向的敌军）很快便无力抵抗，只得于 23 日撤回我们于 1939 年冬在法比边境建构的防线后方（十二天前，我们刚气宇轩昂地从这里跨过）。这天，所有英国远征军士兵的口粮被迫减半，但此时法方竟无动于衷，也未能给予任何帮助，因此，我写了封信给雷诺总理表示抗议。

首相致雷诺先生：

（抄件送戈特勋爵）

北方集团军后撤的各交通线已被强大的敌军装甲师切断，唯有立即执行魏刚计划，方可逃出一片生天。为此，我要求法国北部和南部的指挥官以及比利时最高统帅部立即下令，全力执行魏刚计划，这样才能逢凶化吉，转败为胜。由于后方供给有限，请各方立即行动。

1940 年 5 月 23 日

在上午十一时三十分的内阁会议上，我宣读了这封电报，并指出魏刚计划成败与否，其关键在于法国能否掌握主动权，但就目前来看，法国丝毫没有行动的迹象。晚上七时，我们又召开了一次内阁会议。

第二天我又发了一封电报：

首相致雷诺先生，转魏刚将军：

戈特将军来电说，英、法、比三国军队需通力合作才能守住北方战线。然而，英军已经开始在南北两面同时作战，加上各交通线岌岌可危，可能无法同法比军队合作。与此同时，罗杰·凯斯爵士说截至目前（23 日下午三点），比利时最高指挥部及国王都尚未收到任何作战指示。你说布朗夏尔和戈特正携手共进，通力合作，但实际情况并非如此。迫于形势，北方地区沟通不畅，我可以理解。但我感觉北方军队缺乏统一指挥，面对正在向此集结的敌军，也并未采取任何应对措施。相信你一定能扭转这样的局面。戈特还说，眼下英军的每一步行动都万分艰难，必须突破敌军的重重阻碍，因此需要南部盟军予以支援。戈特将军还再三强调，英军供给已经严重不足，难以发动大规模袭击。但是，我们命令他必须坚定不移地执行你的计划。此外，我方也并未收到你的作战指示，对你的北方部署也毫不知情，能否请你尽早派遣使臣告知我方。祝好！

1940 年 5 月 24 日

* * *

英军在阿拉斯附近曾发动小规模战役，在此，我略加说明。该战由富兰克林将军指挥，旨在攻占阿拉斯—康布雷—巴波姆地区，英方军队由第五和第五十步兵师以及第一坦克旅构成。富兰克林将军计划从两个师中各抽调一个旅，连同第一坦克旅组成小分队，由马特尔将

军率领，向阿拉斯西部和南部发起进攻，企图直取森色河，法军也打算派出两个师在康布雷—阿拉斯公路东部协同作战。英军人数较少（只有两个师，每个师各两个旅），且装备陈旧（共有六十五辆“马克I”型坦克和十八辆“马克II”型坦克，且履带已严重磨损，寿命不长）。战斗在5月21日下午两点正式打响，英军很快便遭到敌方的顽强抵抗，这让他们猝不及防。法军并未在东翼采取任何行动，仅在西边派出一个轻机械化师予以支援。德军共有两个装甲师（第七和第八装甲师，第七装甲师由隆美尔率领），约四百辆坦克。战争一开始，英军进展神速，俘获敌军四百人。但尚未到达森色河一线，德军便集结大量兵力，在空军的全力支援下展开反击，导致我方伤亡惨重。据第十二轻骑兵团来报，大批敌军部队正向圣波尔地区集结，可能危及西翼部队。当天夜里，集团军坦克旅、第五师第十三旅以及第五十师第一百五十一旅逐步退守斯卡尔普河，并一直坚守到22日下午，其间打退了敌人的多次进攻。我们依然据守阿拉斯，但敌军转而从后方迂回，企图绕往贝顿。德军率先抵达蒙圣爱罗瓦，向西翼的法军轻机械化师发起冲击，德军坦克随即向苏色兹逼近。23日晚上七时，英军东翼遭到敌军顽强狙击，西翼部队也已被赶往朗斯的敌军包围。英军寡不敌众，逐渐被大批德国装甲师包围，形势岌岌可危。晚上十时，富兰克林将军向总部汇报，英军必须趁夜间撤离，否则将无法全身而退。事实上，总部已在三小时前下达撤退命令。此次行动在一定程度上打击了敌军的气焰，据说，隆美尔在汇报战况中说“遭到英军装甲部队的激烈反击”时，一度造成德军恐慌。

为响应魏刚计划，戈特向布朗夏尔将军（时任北方集团军司令）提议，两个英国师、一个法国师以及法国骑兵部队应立即南下，向杜·诺尔运河和斯凯尔特运河一带进发。其间，法国曾两次派两个法国师前往康布雷，但每次刚一到达外围地区，便迫于敌军的空中势力，不得不撤回，这也是法国第一集团军自开战以来组织的唯一一次攻势。

*　*　*

由于身处伦敦，我们对阿拉斯突围战的进展一无所知。然而，24日，雷诺先生发来两封电报对我们大加指责。其中较短的一封交代了事情的缘由：

> 你早晨发电报说你已经向戈特将军下达指令，让他坚定不移地执行魏刚计划，但魏刚将军现在告诉我，他刚接到布朗夏尔将军来电，信中说当南部法军队伍向北部进发时，并未得到英军接应，英军已经擅自向海岸方向后撤了二十五英里。
>
> 英军这一行动与魏刚将军今早下达的最新指示背道而驰，迫使魏刚将军不得不改变原有部署，放弃填补德军撕开的缺口、重铸防线的计划，其严重后果不言而喻。

弗雷尔将军率兵北进是魏刚计划的重要一环，直至此刻，魏刚将军仍指望他尽快向北推进至亚眠、艾伯特运河以及佩龙讷地区。但弗雷尔将军仍在集结队伍，尚未取得任何显著的进展。我向雷诺先生回电：

> 在昨晚向你发出的电报中，我已知无不言，现在我们尚未收到任何消息显示戈特勋爵未按指示行事。我要告诉你的是，关于你信中提及的两个英军师从阿拉斯撤退一事，确有一位参谋长官向陆军部报告。迪尔将军应该和戈特勋爵在一起，我们已让迪尔将军派人尽快乘飞机回国，向我们汇报最新情况。一有最新进展，我就会立刻如实向你汇报。目前，北方集团军已经被包围，除敦刻尔克和奥斯坦德外，所有的交通线都被切断了。
>
> 1940年5月25日

我们有理由相信戈特仍在坚持南进。据我们所知，由于英军西翼战事吃紧，并且为了同敦刻尔克方面保持联系，以取得必要的供给，戈特将军不得不从两个师中抽调部分军队部署在英军和德军装甲部队之间作为缓冲。德军装甲师攻势越来越猛，他们以破竹之势相继攻下阿布维尔和布洛涅，并占领了圣奥梅尔，正向加来和敦刻尔克进发。倘若没有右方掩护，戈特将军将如何撤离北方战线，向南进发呢？在我们看来，英国远征军的任何行动都不能作为你们放弃越过索姆河向北推进的借口，我相信你们定会有所突破。

你抱怨说我方从勒阿弗尔运走了大量物资。在此，我澄清，我们唯一运走的物资是毒气弹，且这一行动是经过慎重考虑的。至于其余的一些物资，我们只是将其从勒阿弗尔北岸搬到南岸。

倘若由于事态发展导致我们不得不背离计划，我将立即通知你。迪尔现同戈特在一起，今早迪尔还与我们达成共识，他坚信解救英军的唯一办法便是执行魏刚将军的计划，向南进发，力争与弗雷尔将军率领的法军会师。你应当明白，我们对于南进计划已经等候多时（自雏形到具体计划已经一个星期），加之德军装甲车已经切断我们的海上退路，我们将不得不继续向南挺进，并在必要时在侧翼部队的掩护下向西挺进。

斯皮尔斯将军将于明早到访你处，同你商量具体事宜，待弄清楚情况后，请尽快将其送回。

1940 年 5 月 25 日

*　　*　　*

此时，内阁及众高级军官们愈发觉得：自 4 月 23 日改任帝国副总参谋长的约翰·迪尔爵士完全有能力和才干成为大英帝国的首席军事

顾问。迪尔的呼声远高于艾恩赛德。

随着战争继续推进，形势愈发危急，我和同僚们强烈建议由迪尔爵士接任帝国总参谋长。为防敌军入侵英国，我们还需要一名总指挥，负责英国本土防御工作。5 月 25 日晚，艾恩赛德、迪尔、伊斯梅、我，还有一两个人在我的房间里（位于海军部大楼的房间）商议战事。此时，艾恩赛德将军主动请辞，并表示愿意出任英国本土防务部队司令。鉴于这一任务前途未卜，艾恩赛德此举大公无私，令人敬佩。因此，我批准了艾恩赛德将军的请求，为感激他所做出的牺牲，我于日后授予他崇高的荣誉。约翰·迪尔爵士于 5 月 27 日接任帝国总参谋长，对于这一人事调整，大家都觉得相当合理，顺应时下局势。

第五章

FIVE

进 军 海 岸

希特勒亲自干预战局——德军装甲部队停止前进——布洛涅防御战——加来的戏剧性事件——延长防线的后果——戈特放弃魏刚计划——英军撤往敦刻尔克桥头阵地——英军四个师自里尔脱险——比军投降——布鲁克将军率第二军进行的决定性战役——撤到桥头阵地——半数法国第一集团军由海路逃走

时至今日，针对这场刻骨铭心的战役的前一阶段，我想在这里做个回顾。

开战前，荷兰和比利时恪守中立，不愿同盟军合作备战，直至德国发动入侵时，比利时才愿意打开国门让盟军入境加以支援。5 月 10 日，希特勒下令入侵比利时，法国第一集团军连同英国远征军并没有在后方坐以待毙，而是立即开往比利时境内加以支援，但这一切都是徒劳，因为为时已晚。阿登山脉地区是盟军防线最薄弱的一环，盟军自恃有阿登山区天险，只派少量兵力驻防。不料大批德军装甲部队以此为突破口，长驱直入，撕开法军防线，不到四十八小时，北方集团军通往南方及海边的交通线便面临被全部切断的危险。法国最高指挥部早先应下令（最迟也应于 14 日下令）让北方集团军全力南撤，尽管这一举措很冒险，且会让我们损失大量物资。但由于甘末林将军未能正确认清形势，北部集团军司令比约特也未能做出正确决定，导致盟军左翼部队陷入混乱。

德军所向披靡，盟军见状便开始节节后退。由于防线被德军切断，为重建防线，断口处的盟军便开始向南移动，形成一条侧面防护翼，意图阻挡德军向西推进。倘若盟军 14 日便开始南撤，那么 17 日前他

们必定已经撤回战前的旧防线，届时便可以瞅准时机突出重围。至此，盟军已经至少延误了三天时间，这三天又至关重要。17 日开始，英国战时内阁清楚地认识到唯有南进方可救英军于水火之中。于是，内阁决定立即向法国政府和甘末林将军施压，表明南进的决心，但是此时，英国远征军指挥官戈特勋爵却对此产生了疑虑。戈特勋爵认为，想要摆脱敌军包围已经万分困难，要想突出重围更是难上加难。19 日，甘末林将军被免职，魏刚接任法军总司令。甘末林将军于 19 日上午下达其任职期间的最后一道命令（第十二号命令），这道命令虽然姗姗来迟（整整迟了五天），但大致方针还是正确的，同英国战时内阁及参谋长委员会的主要论断相一致。然而，魏刚元帅刚一上任，便立即下令撤销这一命令，随后的整整三天里无所作为，又一次延误了战机。魏刚将军在走访北部集团军了解战况后，大胆提出了自己的计划，但实际上只是一纸空文，相较于甘末林的计划，实则换汤不换药，反而因此延误了战机，令突围的希望变得更加渺茫。

目前虽然已经处于骑虎难下的境地，但我们依然坚定不移地执行魏刚计划（尽管到目前为止并未有任何起色）。至 25 日，敌军已切断我方所有交通线；我们发动的微弱反击也未能如愿；阿拉斯失守；比利时沦陷，国王利奥波德准备投降；南撤的路全被堵死，眼下我们只能向沿海地区撤退。我们是否能够顺利撤到海边，抑或是被德军包围，沦为瓮中之鳖？不管怎样，我们都必将损失包括大炮在内的大量装备和军需物资，这一损失在未来的几个月内都无法弥补。但这又算什么？只要我们的士兵可以安全撤离，我们就拥有了日后反攻的中坚力量，就有了东山再起的希望。自 25 日起，戈特勋爵就预见到从海上撤离是英军的唯一出路，因此他命人在敦刻尔克地区建立据点，并率领残余部队向这一地区进发。若想成功撤离，英军士兵必须上下一心，做到有条不紊，秩序井然，同时需要布鲁克、亚历山大和蒙哥马利在内的各指挥官通力合作，各显身手。所有能做的我们都做了，剩下的就看造化了。

* * *

在此期间，曾发生了一个饱受争议的插曲：德国陆军参谋长哈尔德将军声称，在敦刻尔克唾手可得时，希特勒干涉军事指挥，亲自下令让德军停止前进，值得一提的是，这是他第一次（也是唯一一次）成功干涉军事行动。据哈尔德将军说，由于敦刻尔克地势低洼，运河交错，不利于装甲部队前进，希特勒认为没有必要让装甲部队遭受不必要的损失，于是便下令装甲部队停止前进，为下一步作战保存实力。希特勒坚信仅靠空军便足以阻止英法盟军往海上大规模撤退。于是，他让勃劳希契转告哈尔德，下令让“武装部队立即停止前进，并让先头部队回撤”。哈尔德将军认为，这一命令给了英国一个千载难逢的喘息之机，盟军也得以后撤到敦刻尔克地区。总之，我们于 5 月 24 日上午十一时四十二分截获了一份德军的明码电报，大致内容是暂停向敦刻尔克—阿兹布鲁克—梅维尔一线的进攻。然而，作为陆军最高指挥部的代表，哈尔德将军拒绝干预龙德施泰特集团军的行动，因为此前该集团军曾接到明确指示要求阻止盟军撤回沿海地区。他还说到，此项行动越彻底、越迅速，我们就越能争取到更多时间休整队伍，填补坦克空缺。第二天，他和勃劳希契奉命前去参加会议。

大家在会上展开激烈讨论，但最终以希特勒的一纸命令结束，与此同时，希特勒还决定派联络员去前线监督，以确保其命令得以实施。于是，多名联络官奉命前往前线各指挥部，凯特尔奉命乘飞机前往龙德施泰特集团军驻处。哈尔德将军说：“我一直想不通，为什么希特勒会认为向敦刻尔克进发会让德军装甲部队遭受不必要的损失，这可能是受凯特尔将军的影响，因为一战时，凯特尔将军曾在很长一段时间内担任佛兰德①地区海军陆战队的参谋官，他一定跟希特勒讲了不少那里的故事。”

---

① 一战时该地区属于比利时，地处欧洲北海地区的要冲。——译者注

关于发布这一命令的真正原因，大家众说纷纭。有人认为希特勒之所以这么做是自有其打算，之所以让一部分英军撤回英国，是为了等法国战败后，政治上有助于与英国媾和。然而，龙德施泰特将军总部的战争日志真实地还原了当时的情景。事实并非如众人所想。23 日午夜时分，勃劳希契传达最高统帅部的指示：第四集团军仍由龙德施泰特指挥，负责完成对北部集团军的包围。第二天早晨，希特勒听取了龙德施泰特的战况报告，该报告称德军装甲部队由于推进速度过快，且过分深入敌方阵地，威力已经逐渐减弱，急需停止突进，稍作休整，以便一举消灭敌军。龙德施泰特还在参谋日记中写道，盟军正组织反击，虽然效果不大，但依然“不屈不挠”。与此同时，快速突进的装甲部队将步兵部队甩下很远，眼下德军兵力分散，龙德施泰特认为盟军很可能将在南部和北部发起反击。事实上，倘若魏刚计划成功实施，盟军确实打算南北夹击德军部队。综上所述，龙德施泰特提议：步兵应在阿拉斯东部发动攻击，机动部队则继续驻守朗斯—贝顿—埃尔—圣奥梅尔—格拉夫林一线，以便配合东北方向 B 集团军群的攻击，截断敌军退路；德军装甲部队应当保留实力，准备实施下一步计划。希特勒对这一提议“完全同意”。然而，25 日一大早，德国陆军总司令勃劳希契下令让装甲部队继续往前推进，龙德施泰特仗着与希特勒的口头约定，不予置理，也并未向第四集团军司令克卢格传达这一指示。克卢格此前曾接到指示要求他节约使用装甲部队，他曾对此表示强烈抗议，但未起作用。直至 26 日，龙德施泰特才下令让他们继续向前挺进，恢复攻势，但不要直接打击敦刻尔克。战争日志上记载了第四集团军对这一指示的抗议，27 日，第四集团军参谋长来电称：

> 海峡各港口形势如下：大船停靠在码头边上，密密麻麻的人群纷纷向甲板上涌去。盟军已丢弃全部装备和军需物资，但我们仍想斩草除根，不给他们东山再起的机会。

一段时间内，德军装甲师确实停止了推进，但这并不能归咎于希

特勒，龙德施泰特应当对此负全责。就整个战局来说，龙德施泰特之所以做出这样的决定也是情有可原，因为装甲部队确实需要休整，方能进行下一步计划。但他应当服从最高统帅部的指示，或者至少将希特勒的想法同他们说明。不管怎样，德军司令官们普遍认为，这一决定让他们错过了一个大好的机会。

* * *

然而，事实上，德军装甲部队之所以在这一紧要关头停止行动还另有原因。

20 日夜，德军先头部队的装甲师和摩托化部队已经抵达阿布维尔地区，准备沿海岸线经埃塔普勒一路向北，朝布洛涅、加来和敦刻尔克推进，意图切断盟军海上退路。这让我想起一战时的场景，同样是在敦刻尔克，当时德军正向巴黎进发，我调遣机动的海军陆战旅向德军侧翼和尾翼发起袭击。因此，无须多说，我对加来和敦刻尔克地区的洪水系统了如指掌，也深知格拉夫林洪水防线的重要性。目前该地区的水闸已经全部打开，洪水奔流而下，在南方为我们的撤退提供掩护。布洛涅及加来地区的局势一片狼藉，守军正殊死抵抗。危急关头，我们立即从英国抽调军队加以支援。德军于 22 日包围布洛涅地区并发动袭击，当时负责防卫该地的有两个营的守军、一个英军反坦克炮兵团以及部分法国士兵。盟军在顽强抵抗了三十六个小时后，终究回天乏术，我同意让包括法军在内的残余部队从海上撤离。于是，23 日到 24 日夜间，我们派出八艘驱逐舰成功撤走当地守军，其间总共只损失了两百名士兵。对于此次撤退，我感到非常遗憾。

数天前，我便将守卫沿海诸港的任务交由帝国总参谋长直接负责，与此同时，我和他一直保持密切联络。我打算让守卫部队死守加来，绝不能从海上撤退。当时，加来地区的守军包括：一个步兵营、第六十步兵旅的一个营、维多利亚女王步枪旅、皇家坦克团的一个营（配备二十一辆轻型坦克及二十七辆巡逻战车）以及同等数量的法军。众所周知，我们急缺正规军部队，倘若以牺牲这些训练有素的队伍为代价，来为盟军争取两到三天的缓冲时间，着实让人痛心，况且我们也不知道这些时间究竟会给我们带来什么好处，也不清楚该如何利用这段时间。对于这一艰难的决定，陆军大臣及帝国总参谋长予以首肯。以下是我们之间的电报往来及会议记录。

*　*　*

首相致伊斯梅将军，转帝国总参谋长：

对于魏刚昨晚下达的指示，我坚决予以拥护，但我要补充的一点是，北部集团军若想通过亚眠地区向南进发，必须要从敦刻尔克、加来或布洛涅打通一条补给线，确保戈特所率部队的给养。与此同时，戈特必须认清当前形势，派出小分队（哪怕一个师也可以）接应从沿海地区向前推进的部队。倘若我们的装甲车和巡逻战车能顺利登陆加来，那么局势将有所好转，我们也会继续派遣装甲师第二旅的剩余部队前往加来。倘若万不得已，我们不得不实施大规模撤退计划，就必须扫清沿海地区的障碍。我们应当全力围剿敌军，至于当地的难民，魏刚将军提议将他们安置在田野里，以防造成主干道拥堵。你能用电话或者电报联系上戈特吗？你发一封加密电报给他需要多久？能否麻烦你派人送一份地图（标明英国九个师到今天为止的行军情况）到唐宁街？见信勿回。

1940 年 5 月 23 日

首相致伊斯梅将军：

对于加来的形势，我有些疑虑。德军试图封锁所有出口，且由于德军在外围地区架设了野战炮，我们的坦克无法出击，全部被困城中。然而，我觉得敌军兵力并不强大，那么我们为什么不发起攻击呢？为什么戈特勋爵不和我们里应外合夹击敌军呢？如今，戈特完全有能力抽调一至两个旅的兵力突出重围，扫清障碍，获取必要的补给。这就如同一个统领九个师的将军即将走投无路，却不愿意派兵突出重围，让人无法理解。眼下还有什么比这更重要的事情呢？此时不用预备队更待何时呢？

戈特应当率军同敦刻尔克的加拿大军和我方被困的坦克部队合作，向包围加来的德军发起攻击。显然，目前德军在欧洲肆意妄为，他们的坦克三三两两地在我们后方活动，如入无人之境，即便被发现也未遭到任何攻击。我们的坦克因敌人的野战炮畏缩不前，但我们的野战炮却未能发挥同样的威力。倘若敌军的摩托化炮兵能不远万里赶来围剿我们，为什么我们的炮兵不能对他们进行围剿？此刻，解除加来面临的封锁，打开一条生路的重担落在了英国远征军头上。

1940 年 5 月 24 日

或许这番言语有些许偏激，有失公允。但我当时确实是这么写的。

* * *

首相致伊斯梅将军：

海军副参谋长告诉我，他们已于凌晨两点发布撤出加来的指示，我想他们一定是疯了。倘若我们从加来撤出，那么敌军将转而攻向敦刻尔克，因此我们必须死守加来，牵制敌军。海军部说，他们正在筹备二十四门十二磅的海军重炮，再配上半穿甲弹头便可以击穿任何坦克，其中一部分今晚即可就绪。

1940 年 5 月 24 日

首相致帝国总参谋长：

我必须尽早知悉戈特为何弃守阿拉斯以及剩余部队的行踪。他是否仍在执行魏刚计划，抑或是已经停止行动？万一戈特真的已经停止行动，那么你对未来的形势及下一步计划有何高见？不管怎样，戈特决不能坐以待毙，我在想他是否应该发挥炮兵的优势，朝沿海方向推进，消灭沿途的装甲部队，并利用强大的后卫部队掩护自己和比利时部队撤退呢？明天之前必须做出决断。

一有机场可以起降，皇家空军便应派遣一个中队护送迪尔回国。

1940 年 5 月 25 日

首相致陆军大臣和帝国总参谋长：

请找出昨日发布撤出加来这一命令之人，还有，我今早看到的这封让人丧气的电报究竟出自何人之手？电报还打着“为了盟军的团结”的幌子，这样下去，我们还怎么鼓舞我们的士兵奋战到底？参谋部中是不是有人存有失败主义倾向？

1940 年 5 月 25 日

首相致帝国总参谋长：

我们应当这样去鼓舞守卫加来的准将：为了我们的国家，为了我们的陆军部队，你们应当誓死守卫加来。一方面，加来地区牵制着敌军大量的装甲部队，转移了敌人的进攻火力，不然敌军将会对我们的交通线狂轰滥炸；另一方面，加来是重要港口，将来可能会有部分英国士兵需要从此处撤回国内。戈特勋爵已经派出增援部队，海军部队也将尽力保证你方供给，举国上下心系加来，英王陛下及政府也相信你定能不辱使命。

1940 年 5 月 25 日

5 月 25 日下午两点左右，尼科尔森准将收到这封电报。

我们于 5 月 26 日晚下达了死守加来的命令，当时，驱逐舰已经随时待命。当晚九点，我和艾登以及艾恩赛德三人吃完饭后，在海军部大楼做出此项决定。当时，加来的守军包括艾登率领的一个团，他曾在一战时长期服役于这个团。一个人在战时更应该保重身体，该吃吃，该喝喝，但当我们三人围着桌子坐下来时，大家都没再出声，我也感觉像是生病了一样，很不舒服。

以下是下达准将的具体指示：

> 你们坚持得越久，对英国远征军就越有利，因此政府决定，你们必须誓死守卫加来。我们向你们的英勇行为致以最崇高的敬意。你方将负责誓死守卫加来，永不（决不）撤退，因此原作撤退用的舰只将返航多佛尔港。司令官执行扫雷任务时，“真理”号和“温莎”号将负责在来回途中予以掩护。

加来是成败关键所在。敦刻尔克可能由于很多其他原因失守，但死守加来为我们争取到的三天缓冲时间足以让我们守住格拉夫林的洪水防线。这一点至关重要，倘若没有这条防线，那么尽管此刻希特勒犹豫不决，龙德施泰特下令让装甲部队停止推进，我们也终将走投无路，注定失败。

* * *

除此以外，眼下又出现了新的问题。此前，德军一直未向比利时防线发起猛攻，但他们于 24 日攻破了位于库尔特累两侧的比军防线，该地距奥斯坦德和敦刻尔克不过三十英里。比利时国王见大势已去，准备向德国投降。

截至 5 月 23 日，英国远征军第一和第二军已经逐步从比利时撤回于1939年冬在里尔北面和东面建立的防线。此时，德军部队已抵达沿海一线，像一把锋利的镰刀，正准备切断我军南翼部队，我们应当就此做好防卫。戈特和他的司令部在事态的逼迫之下，已派遣军队驻守在沿运河的拉巴塞—贝顿—埃尔—圣奥梅尔—瓦当一线，防线上还有法国第十六军驻守，浩浩荡荡地直抵沿海的格拉夫林洪水防线。该防线侧翼向南凸出，主要由英国第三集团军负责把守。值得一提的是，这并不是一条完整的防线，更像是由部分防守“点”连接而成的，其中一些点，如圣奥梅尔和瓦当，已落入敌军之手。从卡塞尔往北去的几条必经之路已经岌岌可危，戈特只有两个师的后备队：第五和第五十师。我在此前曾提到过，这两个师在冒险执行魏刚元帅的南进计划时，在阿拉斯反击战中差点被敌军围剿。至此，英国远征军的防线共计约九十英里长，敌军也步步紧逼，近在咫尺。

英国远征军南面为法国第一集团军，该军有两个师仍在镇守边境线，剩余的十一个师被德军打得七零八落，全部窝在杜埃北部及东部的狭小区域内。德军包围圈的东南隅部队正在向该集团军群发动攻击。在我军左方，比利时军队从利斯河沿线节节败退，由于比军的撤退，梅嫩以北的防线出现了一个缺口。

25日晚，戈特勋爵做了一个重要决定。他决定依然坚持魏刚计划，派遣英军第五和第五十师配合法军，向南部康布雷地区挺进。法军原定从索姆河地区向北挺进，但此刻并没有成行的迹象。布洛涅的最后一批守军已经撤出。加来仍在坚守。于是，戈特决定放弃魏刚计划，因为眼下危机重重：向索姆河挺进已经基本无望，而且随着比利时防线的崩塌，北部防线出现缺口，这又给我们带来了一个新的危险，足以左右战局。据我方截获的德军第六集团军情报显示，德军将派一个军团向西北方向的伊普尔进击，另一个军团向西直取维茨沙特。届时，面临双重夹击，比利时该如何抵御呢？

出于对自己军事才能的自信，加上与英法两国政府及法国最高统帅部的联络全部中断，戈特决定放弃南进的计划，转而向沿海进发，并试图派兵去修补因比军撤退而出现的防线缺口。他认为，这才是避免战败或投降的唯一途径。下午六点，他下令让第五和第五十师同英国第二军一起，前去填补渐渐显露的防线缺口。此时，法国第一集团军的指挥官已经由比约特换成布朗夏尔将军，戈特便将自己的打算告知布朗夏尔。布朗夏尔也认识到了事态的严重性，随即于夜里十一点三十分下令，让第一集团军于 26 日撤到里尔以西的利斯河后方，以便在敦刻尔克附近建立桥头堡阵地。

5 月 26 日一早，戈特和布朗夏尔商议往沿海地区撤退的计划：相较于英国远征军，法国第一集团军距海岸线更远，因此英军将于 26 日和 27 日夜间开始进行准备活动。同时，27 日至 28 日晚以前，英国第一和第二军的后卫部队将继续留守边防线。以上一切皆由戈特勋爵自己做主，我们并不知情。事实上，我们身处国内，虽然看事情的角度不同，但也已得出同样的结论。26 日，陆军部发电报批准戈特的行动，并让他“同法军和比军一起全力开赴海岸地区”。与此同时，沿海地区大大小小的各色舰只已经集结完毕，随时待命。

26 日当天，通往沿海走廊地区的西侧防线未有任何变化，第四十八和四十四师面临的压力相对较小，第二师则在埃尔和拉巴塞运河遭遇敌军猛烈攻击，所幸他们并未失守。再往东去，德军向卡尔文发动猛烈攻击，英法联军全力抵抗，在附近扎营的第五十师的两个营也加入战斗，局势这才转危为安。防线左侧的第五师连同由该师指挥的第四十八师一四三旅连夜行军，于黎明时分抵达伊普尔—科明运河防线，刚好堵上因比军撤退而慢慢凸现的防线缺口。于是，这里又上演了一场激战，战斗持续了一整天，后备队（第一师的三个营）也加入战斗。第五十师在里尔以南稍作休整后，便继续北上至伊普尔附近，与第五师的侧翼成功会师，延长了防线。比军在敌军连日的攻击下，节节败退，右翼防线已被敌军突破。此时，他们已没有兵力来同英军重新取得联络，也无法按原计划撤到伊士尔运河防线，配合英军的行动。

与此同时，敦刻尔克附近的桥头堡构筑工作正在有条不紊地进行中，法军负责守卫格拉夫林到伯格一线，英军则负责守卫从伯格沿运河经弗内斯至尼乌波特段再到海岸一线。各部队从两面赶来布防。27

日下午一点，陆军部又给戈特勋爵发了一封电报，让戈特坚定了早在26日就已制定的计划。陆军部下达指示，让戈特“尽可能撤出最大数目的军队”。我已于前天将撤离英国远征军的计划告知雷诺先生，并让他下令撤退。27日下午两点，法国第一集团军司令作出指示，要求法军死守阵地，绝不撤退。随后，信号便中断了。

德军正在缩小包围圈，里尔地区的四个英国师连同法国第一集团军处境十分凶险，孤立无援。目前为止，我们尚未有完整的战时地图，且由于我身在伦敦，无法亲临战场，但过去的三天，我一直忧心于里尔地区的局势（那里还有我们四个训练有素的师）。然而，机械化运输在此时发挥了少有的决定性作用，随着戈特一声令下，里尔地区的英国部队，几乎在一夜之间便以迅雷不及掩耳之势火速撤回。与此同时，剩余的英军正奋力抵抗从走廊地区两侧袭来的德军，确保通往沿海的道路畅通。受制于英军第二师（拖住敌人两天）和第五师（拖住敌人三天），德军于5月29日晚才得以发动钳形攻势，逐步缩小包围圈，1942年苏军在斯大林格勒保卫战中也采取了相同的策略①。敌军花了两天半才将包围圈合拢，尽管时间紧迫，尽管法军的交通工具只有马匹，尽管通往敦刻尔克的主要交通线已被敌军切断，尽管各支线上挤满了撤退的士兵、长长的运输车队和成群结队的难民，但除法军第五团覆灭外，剩余法军同英国远征军的四个师全部通过包围圈的缺口安全撤离。

*　　*　　*

十天前，我曾让张伯伦先生和其他大臣们商讨我军单兵作战的可行性，此刻我又一次将这件事情摆上台面，让军事顾问们商议。为此，我起草了一份材料供他们参考，算是抛砖引玉，各参谋长仍享有充分

---

①　战役初期，纳粹德国占领了苏联南部斯大林格勒，1942年苏军反攻包围了城市里的德军，包围圈内的德军没有炮弹、没有食物，顽强死守，最后苏军获胜。——译者注

的发言权，可以畅所欲言。事实上，我事先就知道他们坚决奋战的决心了，但我觉得还是有必要将这类决策记录下来。另外，我也想让议会安心，让他们知道我们的决定都是由专业人员商议后做出的。下面附上我起草的参考材料和军事顾问们的答复：

> 接到首相发来的参考材料后，我们重新审视了关于“英国在特殊时期的策略”的报告。
>
> “倘若法军放弃抵抗，转为中立；倘若德军仍旧不愿停下侵略的脚步；倘若比军在协助远征军到达海岸线后也不得不向德国投降；倘若英军走投无路，德国提出让英国解除武装并割让奥克尼群岛海军基地等一系列条件来媾和，从而使英国完全听从德国的摆布；这样，我们能否孤军奋战，抵御德国（可能还有意大利）的入侵呢？我们的海军和空军能否抵挡住敌军的猛烈袭击呢？虽然德国空军部队最多只有一万人，但我们在岛上集结的兵力能否挡得住德军的空袭呢？英军的顽强抵抗是否能对征服了大半个欧洲的德军荡平欧洲造成很大的威胁？”
>
> 我们得出的结论如下：
>
> 1. 只要我们的空军还在，就应当可以和海军一起抵抗德国从海上发动的袭击。
>
> 2. 倘若德国完全掌握了制空权，我们的海军应该可以抵挡一段时间，但不可能持续很久。
>
> 3. 倘若海军无法抵抗，空军又已覆灭，那么一旦德军入侵，我们的海岸线和海滩防御部队根本无法阻止德军坦克和步兵在海岸建立据点。倘若果真如此，我们的陆军部队根本不足以抵御德国入侵。
>
> 4. 因此，成败的关键在于制空权，倘若德国取得了制空权，那么德军光凭空军的力量就足以摧毁整个英国。
>
> 5. 只要我们的空军及飞机产业（重要部分位于考文垂和

伯明翰）未被完全摧毁，德国就不可能完全掌握制空权。

6. 我们的飞机制造工厂无论在白天还是夜间都有可能遭到敌人的空袭。白天，我们可以予以反击，保护这些工厂不受严重损毁。但在夜间，不管我们怎么设防（我们现在正在迅速加强防御工事），这些大的工业中心（飞机制造产业所在地）都将遭受毁灭性打击。由于这些生产基地规模较大，敌军无须精确轰炸便可轻而易举地完成轰炸任务。

7. 在敌军的毁灭性打击下，我们的飞机制造产业能否继续生产不仅取决于设备是否完好，还取决于工人们的精神状态以及面临浩劫时有无继续工作下去的决心。

8. 倘若敌军夜袭我们的飞机制造基地，那么很有可能对设备和工人的士气造成双重打击，那么整个飞机生产线都将陷入瘫痪。

9. 我们要清楚一点，德国的飞机数量为我方的四倍。而且德军的飞机制造厂分布较散，位置偏僻。

10. 话说回来，我们也可以利用轰炸机发起反攻，轰炸德国的飞机制造中心，打击他们的士气和生产设备，让敌军的部分生产线陷入瘫痪。

11. 总之，我们得出的结论是：虽然从表面上来看，德国实力全面占优，但只要我们的士兵和群众保持高昂的斗志和坚定的信念，我们就能弥补装备和数量上的不足，从而战胜敌军。相信我们可以做到。

这份报告是在敦刻尔克大撤退前夕起草的，正是最黑暗的时刻，当时在这封报告上署名的有三军参谋长（纽沃尔、庞德和艾恩赛德）和副参谋长（迪尔、菲利普斯和皮尔斯）。很多年后，当我回看这封报告时，我依然能感觉到当时的绝望和无助。但那时，见到这份报告的内阁成员和其他大臣们并无异议，因为我们团结一致，众志成城。

*　*　*

这时，我亲自致函戈特勋爵：

1. 眼下情势危急，我必须来信表达我最美好的祝愿。未来如何，我们无人知晓，但不管怎样总比坐以待毙强。我谨冒昧提出以下几点：首先，调遣炮兵进攻敌军坦克，虽然也会对大炮造成一定的损毁，但这是不可避免的；其次，我对奥斯坦德的处境表示担忧，除非能有炮兵旅赶去支援；最后，敌军坦克疲于进攻加来，无暇他顾。目前加来尚未失守，我军可趁此良机派遣小分队向敌军发起攻击，敌军背部受敌，必定元气大伤。

2. 我们有必要将现在的情况告诉比军。我正准备发电报给凯斯，但你最好能与比利时国王直接取得联系，这点凯斯会从旁协助。我们打算让比军全力配合我军行动。

3. 如果我们的士兵知道这是在开辟一条通往英国老家的路，相信他们一定会全力以赴。再也没有什么能比这更鼓舞人心了！我们也将派遣一切可以动用的海军和空军力量给予支援。安东尼·艾登现在就在我的旁边，他让我代他向你问好。

附件

首相致海军上将凯斯：

请将以下内容告知你的朋友（比利时国王利奥波德三世）。相信他已经知道英法联军正在向沿海地区进发（格拉夫林和奥斯坦德之间的区域，包括格拉夫林和奥斯坦德在内），准备从海上撤退。登船行动凶险万分，英国将派出空军和海军予以全力支持。他可能会问，比利时此刻处境危急，

> 我们是否打算采取行动？我们当然不能因援救比利时而让自己陷入绝境，我们的目标是取得胜利。只要希特勒不垮台，只要英国一息尚存，我们就将奋战到底。请你尽早带国王乘飞机离开比利时。如果我们的桥头堡工事进展顺利，比方也同意，我们将争取将部分比军从海上运往法国。与此同时，也请比利时继续配合我们奋战到底，当然国王的人身安全也同样重要。
>
> 1940 年 5 月 27 日

28 日，凯斯上将返回英国后才收到我发的电报，因此利奥波德国王并未收到我的信息。但这不重要，因为凯斯 27 日下午五六点的时候曾和我通过电话。下文截取自凯斯的日志：

> 27 日下午五点，利奥波德国王告诉我比军已经全线崩溃，他正和德国商讨停火协定。我用无线电给戈特和陆军部发去加密电报。陆军部于下午五点五十四分收到电报，我立刻驱车前往拉潘尼给首相打了电话。由于首相事先已经听到风声，所以对我的报告并未感到丝毫惊讶，他让我说服比利时国王和王后同我一起返回英国，由于当天下午我并未收到电报，首相先生将电报又口述了一遍：
>
> 比利时国王已经决定要留在国内，比利时驻英国大使馆由此推测，利奥波德国王认为大势已去，准备单独同德国媾和。
>
> 比利时立宪政府不同意国王的决定，已经在伦敦建立流亡政府。尽管此刻比军不得不放下武器向德国投降，但在法国境内尚有二十万已达兵役年龄的比利时人，相较于 1914 年第一次世界大战，比利时现在有更加充足的物资来支持将来的反攻。利奥波德国王此举实为分裂国家，意在寻求希特勒的庇佑。请将以上内容转告国王，并告知此举对盟军以及比

利时所造成的严重后果。

我将首相先生的话转告利奥波德国王，但国王坚持留在国内，和他的士兵和臣民们同呼吸共命运。

1940 年 5 月 27 日

我向国内发布了以下指示：

（绝密）

眼下事态严峻，但若同僚们以及各位高官仍能保持昂扬的斗志，我将感到万分欣慰。在认清事态严重性的同时，我们要坚定信念，矢志不渝，誓为瓦解敌军称霸欧洲的野心战斗到最后一刻。

法国已有单独同德国媾和的念头，对此，我们绝不能苟同，但不管欧洲大陆上如何风云变幻，我们的信念都不可以有丝毫的动摇，我们将誓死保卫英伦三岛，保卫大英帝国，坚定不移地完成我们未完成的事业。

1940 年 5 月 28 日

28 日早，戈特勋爵同布朗夏尔将军再次会面。戈特勋爵的参谋长波纳尔记录了这次会晤，对此，我万分感谢。记录如下：

这次见面时，布朗夏尔在卡塞尔会晤时表现出的热情已经消磨殆尽。会晤期间，他并未提出任何建设性意见或计划。我们将那封命令我们向海边挺进、准备撤退的电报读给他听，他竟一脸错愕。不然，他以为奉命和戈特一起建造桥头堡工事不是为了撤退，是为了什么呢？我方指出，我们都曾接到建造桥头堡的命令。但现在的情况是，我们又顺理成章地接到了后续的一系列命令（即从海路撤回英国，关于这道命令，相信英国已经和法国政府沟通过），但貌似他并未接到任何指示。我们的话稍稍安抚了一下他的情绪，但他仍未完全平静下来。最后，我们说到，我们希望法国第一集团军能和英军携手并肩，完成最后一项任务。因此，我们希望今晚法国第一集团军能和我军一起往海岸方向撤退。不想，布朗夏尔却勃然大怒，并声称法国第一集团军绝不可能撤退。我们费尽口舌，同他解释这一切也是形势所逼，眼下东北部地区的德军二十四小时内可能不会有大的行动（但德军一旦行动，便来势迅猛，不可抵挡），我方防线的西南翼面临的威胁却迫在眉睫。想必他也清楚，德军步兵师的先头部队在炮火的掩护下，已于昨日向我方多处防线发起攻击。尽管沃木、卡塞尔、阿兹布鲁克等主要据点尚未失守，但敌军已经攻破某些地段，也必定会趁机继续发起猛攻，扩大战果。与此同时，德军必将抽调主力部队，阻截我们向沿海地区撤退（我们已经接到撤退的命令）的部队。因此，我们必须立即从利斯河往回撤，不能有丝毫迟疑，最迟今晚也要到达伊普尔—波珀临格—卡塞尔一线。倘若我们明晚才开始行动，那就等于给了德军两天时间，让他们能够绕到我们后方，围住我们，我们一定不能犯下这样愚蠢的错误。即便我们能够顺利到达沿海地区，预计最多也只能成功撤出百分之三十的兵力，事实上，有很多先头部队根本到不了沿海地区。即便如此，这些成功撤回的训练有素的军官和士兵们，也将为我们保留珍贵的有生力量，意义非凡。因此，我们必须尽一切努力，从今晚便开始行动，让部队（哪怕只是一部分）往沿海地区撤退。

随后，法国第一集团军现任司令普利欧将军派来的联络官赶到现场。他告诉布朗夏尔将军，普利欧将军已经做出决定，要坚守运河地区的方形阵地（东北角位于阿尔芒蒂埃尔，西南角位于贝顿），决不后退一步。这一番话更加坚定了布朗夏尔的看法。我们请求他为第一集团军以及我们的盟国想想，下令让普利欧将军撤退，至少让他撤出部分兵力。体力、距离都不是问题，肯定有人可以安全撤离。只要他们能到岸边，便有可能全身而退，而留下的人则必死无疑，为什么不试试呢？只要他们愿意尝试，便有希望，什么都不做就只能坐以待毙。一番苦口婆心的劝说后，布朗夏尔将军并未有丝毫动摇。他声称他们不可能从海上安全撤离——英国海军已经做好接应准备，准备协助远征军撤离，但法国海军不可能像英国海军一样协助第一集团军撤离。因此，所有的一切都是徒劳——所有的一切都是瞎折腾，他同意普利欧将军的看法。

接着，他又直言不讳地问道："既然法国第一集团军明确表明自己不会撤退，那么戈特是否仍会于今晚撤到伊普尔—波珀临格—卡塞尔一线呢？"戈特的回答是肯定的。一方面，他接到指示要求他们登船，因此必须撤退，再多等一天就不可能完成这项指示，因为到时候通往海岸线的路就会被敌军切断；遵守指示是一方面，另一方面，让队伍坚守在此是非常愚蠢的行为，因为留在这里很快就会被敌军围剿。综上所述，即便法国第一集团军执意坚守阵地，英国远征军也必须撤退。对于这项决定，我们深表遗憾。

* * *

28 日，天刚破晓，比军投降了。戈特勋爵在比军投降前一小时才收到正式通知，但其实我们早在三天前便已经预计到比军防线即将崩溃，并已经及时采取措施堵住因比军撤退而造成的防线缺口。我用很平和的语气向议会汇报了此事（雷诺先生认为我的语气应当更严厉些）：

比利时国王已于昨日派遣一名全权代表前往德军司令部，请求与德国停火，望知悉。英法两国政府随即下令，要求断绝与比军的一切联系，同时让本国士兵坚守作战，不能有丝

毫动摇。德国当局已经同意比利时的请求，比军遂于今晨四点放弃抵抗。

对于比利时国王（兼比利时军队最高统帅）的所作所为，我不想议会妄加论断。不可否认的是，比利时军队极其勇敢，开战以来，虽死伤无数，但也曾重创德军。比利时政府不同意国王的决定，已经在伦敦建立流亡政府，正式对外宣称自己才是比利时的唯一合法政府，愿意同盟军一起奋战到底。

对于利奥波德国王的所作所为，法国政府担心我与雷诺先生口径不一。6 月 4 日的议会会议上，我认为我有义务说出事实的真相，不仅仅是为了还我们的盟友法国一个公道，也是为了还伦敦的比利时流亡政府一个公道，我在搜集了事实和情报后，直截了当地阐述了事实的真相。

在比利时被入侵的最后关头，利奥波德国王请求我方支援，即便在这最后一刻，我们依然答应了国王的请求。他率领五十万骁勇善战的大军，英勇抵抗，掩护我军左翼，守住了我军通往海岸线的唯一退路。忽然间，没有任何前兆，也没有任何通知，利奥波德国王不顾大臣们的意见，一意孤行，竟然派遣一名全权代表前往德军最高统帅部，请求与德国停火，从而让我们的侧翼防线及撤退计划完全暴露。

我提到的这支骁勇善战的大军确实不负其光荣传统。敌人实力太强，他们无法长期抵抗，最终败下阵来。但即便被击败，即便奉命投降，这并未损害他们的荣誉和名声。

28 日全天，敦刻尔克笼罩在一片阴霾之下，英军能否突围尚未可知。在科明沿伊普尔方向一直到海边的防线上，布鲁克将军率领第二军，竭力堵住因比军投降而出现的缺口，挫败了德军从东面发动的攻

击。过去的两天里，第五师成功守住科明，击溃了敌军的每一次攻击，但随着比军向北撤退并投降，防线的缺口越来越大，掩护远征军侧翼部队的任务也落到了他们头上。第五十师先负责填补防线空缺，随后，刚从里尔东部撤回的第三和第四师火速驱车行进，掩护通往敦刻尔克的重要通道。德军势必会向比军和英军缝隙处发起攻击，对此，我们无能为力。眼下的当务之急是敌军可能会趁机从伊士尔河直扑敦刻尔克，绕到我军后方，对此，我们早有预料，已做好万全准备。

德军因此被击退，付出了惨痛的代价。英国炮兵接到指示，所有的野战炮和中型炮全部出击，朝敌军猛烈射击，在猛烈的炮火下，敌军只得停止攻击。在布鲁克军身后仅四英里处，大批军队和车辆不断涌入敦刻尔克的桥头堡地区，并随即进入防线驻防。更有甚者，阵地内的东西方向主干道一度被车辆堵死，我们只得动用推土机将堵塞的车辆推入边上的沟渠，才清理出一条单向通道。

28 日下午，此时的桥头阵地已经延长至格拉夫林—伯格—弗内斯—尼乌波特一线，戈特下令让全军撤入阵地内。此时，英军沿伯格至尼乌波特海岸线排开，从右至左依次为：第四十六师、第四十二师、第一师、第五十师、第三师和第四师。截至 29 日，英国远征军大部分都已经撤到阵地内，此时海上的舰只该登场准备撤退盟军了。5 月 30 日，总司令部报告说所有英军（幸存的英军）都已撤到阵地内。

法国第一集团军已有超半数士兵抵达敦刻尔克，其中大部分人都已平安登船。但在撤退时，至少有五个法国师被德军的钳形攻势切断在里尔以西地区。28 日，他们曾试图向西突围，但并未成功，敌军随即展开围攻。接下来的三天里，敌军逐渐缩小包围圈，尽管法军顽强抵抗，但终因弹尽粮绝，被迫于 31 日晚投降，约五万人被俘。这些法军，在摩里尼埃的英勇领导下，成功地牵制住了超过七个师的德国兵力，为我们赢得了四天宝贵的时间。倘若没有他们，敌军的火力可能会集中到敦刻尔克地区的阵地上来，那么后果不堪设想。这被俘的五万人，为他们幸运的战友们和英国远征军的撤离做出了重大贡献。

*　　*　　*

这是一场难忘的经历。这些天来，我背负着沉重的压力，默默地注视着这一切，想插手却无能为力，又怕帮倒忙。现在回想起来，倘若当时我们坚持执行魏刚计划，撤往索姆河一线，那么后果将不堪设想。事实证明，戈特及他的参谋人员拥有极优秀的军事才能。正因为我们听从戈特的意见，放弃魏刚计划，向沿海撤退才使得我们转危为安，此举必将在英国军事史上留下浓墨重彩的一笔。

第六章

SIX

敦刻尔克大撤退

祈愿仪式——“沉重的坏消息”——阁员的反应——小型舰只的集结——“蚊式”舰队——撤退国人——给戈特勋爵的最后命令——可能产生的后果——戈特将敦刻尔克的指挥权交给亚历山大——斯皮尔斯将军和贝当元帅——撤退完成——空军获胜的重大意义——英国的决心

5 月 26 日，我们在威斯敏斯特教堂举行了简短的祈愿仪式。英国人天性内敛，但当唱诗班的歌声响起时，我能感受到在场的人那压抑的热情以及恐惧，当然，我们不惧怕死伤或是任何物质上的损失，我们真正担心的，是英国会战败并被彻底毁灭。

* * *

5 月 28 日的周二，时隔一周后，我又一次来到下院。在此之前，我觉得没有必要发表任何声明，议员们也不需要任何指示。但此刻，大家意识到这一周至关重要，因为这可能决定我军，甚至其他很多事情的命运。我说道：“下院的各位同僚们要做好应对沉重的坏消息的准备。此刻，我只想说一句，不管未来战局怎么样，我们都将坚定不移地践行我们曾经的誓言，履行保卫世界和平的职责，我也相信我们有能力做到，过往的历史便是最好的证明。我们经历过无数次的灾难和绝望，但我们最后都挺了过来，并将敌人彻底打败。”自打联合政府成立以来，所有非内阁官员中，我只单独见过几个，因此，我觉得很有必要在下议院办公室召开一次大会，所有内阁阁员和内阁级大臣全部出席。出席会议的大约有二十五人，我向他们阐明了战况，告诉他们目前所处的形势以及潜在的威胁。我用看似不经意的语气说道：

“当然，不管敦刻尔克发生什么，我们都将继续战斗。”

出席本次会议的代表都是经验丰富的政治家和议员，在战前所持政见（不管对错）皆不相同，但此刻在座的反应让我大吃一惊。听完我的话后，有很大一部分人立刻起身，跑到我跟前，拍着我的背，兴奋地大叫着。毫无疑问，此刻，倘若我在领导方面有任何犹豫不决，就一定会被轰下台去。我敢肯定在场的每一位大臣都抱着必死的决心，即便妻离子散、倾家荡产也绝不投降。我相信他们的态度，代表着整个下院和几乎所有民众的态度。之后的几个月里，只要一碰到合适的场合，我就会代表他们发声，因为他们的心声也同样是我的心声。此时的英国势不可挡，举国上下万众一心。

*　　*　　*

关于英法两军从敦刻尔克撤退一事，已有翔实记载。自 20 日以来，多佛尔军港司令海军上将拉姆齐便已经开始筹备相关事宜，各色舰只及小艇在他的号召下开始集结。5 月 26 日晚六时五十七分，英国海军部下令开始执行“发电机行动①”，当晚，第一批士兵顺利离开敦刻尔克回到英国。由于布洛涅和加来先后沦陷，目前唯一的生路只剩敦刻尔克港及毗邻比利时的大片海滩。此刻，据估算，我们最多只有两天时间可供撤离，原定计划撤出四万五千人。5 月 27 日一早，我们立即采取紧急措施，抽调小型船舶用作“特殊用途”。我们必须有充足的小船供英国远征军撤离，因为大船吃水较深，无法靠近海滩，就需要这些小型舰只将士兵们从海滩接到停泊在近海的大型舰只上去。

① 即敦刻尔克大撤退。——译者注

在海运部里格斯先生的建议下，海军部的官员们挨个排查从特丁顿到布赖特灵锡之间的每一个船坞后，又征用了四十艘摩托艇和汽艇，这些舰只第二天便集中在希尔内斯，以供调遣。与此同时，伦敦各码头班轮上的救生艇、泰晤士河上的拖船、快艇、渔船、驳船、平底船和游艇，以及一切可在浅海地区工作的舰只全部被征用。27 日晚，一大波小船如潮水般从海上涌来，从我方港口驶向敦刻尔克海滩，去迎接我们挚爱的士兵们。

撤退行动刚一开始，英国海军部便竭尽全力，开始在南部和东南沿海一带征用舰只。凡是有船（不管是汽船还是帆船）的人，都积极响应号召，纷纷出海，驶往敦刻尔克。所幸我们一个星期前就开始筹划这项工作，现在又有大批舰只自发驶往敦刻尔克。29 日，只有部分舰只抵达敦刻尔克，但从 31 日开始，四百多艘小船又相继驶往敦刻尔克，这些舰只成为撤退行动中不可或缺的一员，其间将近有十万名士兵从海滩接驳到停在近海的大型舰只上去。这些天，我都没有看到海军部地图室主任海军上校皮姆和其他几个熟悉的面孔。他们驾驶着一艘荷兰小船，四天内运送了八百名士兵。冒着敌军的空袭，参与本次行动的共计八百五十艘舰只，其中，近七百艘来自英国，其余的来自同盟国。

* * *

以下为官方统计数字（不包括未载运士兵的舰只）：

	参与数量	**被击沉数量**	**损毁数量**
英国舰只			
巡洋舰	1	—	1
驱逐舰	39	6	19
单桅帆船、轻巡洋舰及炮艇	5	1	1
扫雷艇	36	5	7

续表

	参与数量	被击沉数量	损毁数量
拖网渔船及漂网渔船	77	17	6
专用船	3	1	—
武装检查船	3	1	1
机动鱼雷船及机动反潜艇船	4	—	—
前荷兰舰只（被海军征用）	40	4	未记录
游艇	26	3	
私人舰只	45	8	8
医用舰只	8	1	5
军用摩托艇	12	6	未记录
拖船	22	3	
其他小型舰只[1]	372	170	
共计	693	226	
盟国舰只			
战船（所有类型）	49	8	未记录
其他舰只	119	9	
共计	168	17	
总数	861	243	

1 表示救生艇及部分私人小船，无记录可查。

此时，敦刻尔克海岸附近的防御工事依然有条不紊地进行着。士兵们到达桥头阵地后严守纪律，保持阵型，立刻投身到防线部署中去，不出两天，敦刻尔克地区的防线实力便大大增强。军容较好的队伍负责在外围守卫防线。损失严重的队伍，如第二和第五师，则作为后备部队，在沙滩上等候，率先登船。起初，有三个英国师的队伍负责守卫外围防线，但到 29 日，法军接手了更多的防御任务，两个英国师就足够了。与此同时，敌军步步紧逼，战斗一刻未停，尤其是尼乌波特和伯格附近地区的侧翼部队，与敌军打了好几场恶仗。随着撤退行动

的推进，敦刻尔克地区的英法盟军数量稳步下降，英法联军所控制的防线也日益缩短，沙滩上的数万名士兵不得不承受敌军的连日（三四天，甚至五天）空袭。希特勒认为，光靠德国空军的力量便足以阻止盟军撤退，这样就可以保存装甲部队实力，留待下次发起总攻。这一想法是错误的，但也不无道理。

希特勒的美好愿望之所以付诸东流，主要是因为以下三个因素。第一，德军虽不断向岸边的军队发动空袭，但造成的伤亡很小。炸弹落到沙滩上，柔软的沙子吸收了爆炸产生的绝大部分能量。刚开始的时候，士兵们惊讶地发现，德军的空袭虽然猛烈，但几乎没有伤亡。炸弹只有落到岩石较多的海岸地带，才可能造成较惨重的损失。久而久之，现如今士兵们对于敌军的空袭已经不屑一顾了，他们淡定地蹲在沙丘旁，内心的希望之火越燃越烈。前方的大海虽然灰蒙蒙的，但在他们眼里却是一片如日方升的气象，因为那里有赶来救援的舰只，海的那头是他们的故乡。

第二个希特勒没有预料到的因素是德国空军的惨重伤亡。此时是对英国空军和德国空军最直接的考验。英国战斗机倾巢而出，不间断地在撤退现场巡逻飞行，对抗德国空军。他们不断地向德国战斗机和轰炸机群发起冲击，冲散敌机阵型，驱离敌机，从而重创敌军。皇家空军就这样夜以继日地战斗着，直到取得辉煌的胜利。德军一般都是四五十架飞机一起出击，但皇家空军（哪怕只有一个中队，甚至更少）只要遭遇德国空军，便立即发起攻击，每次都能击落数十架敌机。截至目前，德军在飞机上的损失已达几百架。我们最后的王牌——首都空军也已全部出动。最多的时候，飞机一天内要出击四次，但这的确取得了显著的成果。强大的敌军飞行员，虽技艺娴熟，但仍被我军击败、击杀或吓退。总之，整个撤退过程中，英国空军发挥了决定性作用。然而遗憾的是，沙滩上的士兵未能亲眼看见这一壮举，因为绝大部分空中战斗都发生在离岸边数英里的海域，或是云层上空，他们未能亲眼看见敌军的惨状。他们只能感受到敌机呼啸而过，在沙滩上投下炸弹，很多敌机就此一去不返。因此，陆军士兵们甚至对我们的

空军心怀不满，有一些在多佛尔港或泰晤士河港口登陆的士兵，由于不清楚状况，竟对穿着空军制服的人破口大骂。他们应该对空军致以掌声，但话说回来，他们怎么会知道呢？我只有苦口婆心地向议会阐述事实的真相。

但是，倘若没有海上这一退路，前两者都是徒劳。十天或是十二天前下达的撤退指示，得益于人们高涨的情绪，即便在危急的形势下仍然收获颇丰。不管是在海滩上等待上船的士兵，还是已经上船的士兵，都保持了严格的组织纪律性，有条不紊。海上风平浪静，无数小船在大船和海岸间来回穿梭，将在海中跋涉的士兵们摆渡到大船上，并不时地将落水的士兵救起。船员们完全不顾敌军的枪林弹雨，即便粉身碎骨也毫不畏惧。尽管敌人的空袭造成了一定的人员伤亡，但与众多小船装载的人员相比，这实在是微不足道。总的来说，我们的“蚊式”舰队是永远不会被击沉的。正当我们节节败退时，团结、不可战胜的英国人民仍有理由为我们的壮举感到自豪，敦刻尔克撤退这一佳话必将在历史上留下浓墨重彩的一笔。

尽管小船在这场行动中发挥了重要作用，但往返于敦刻尔克港和英国之间的大船同样功不可没。他们承担了最繁重的任务，将三分之二的士兵撤回了国内。从上文提到的舰只损毁表可以看出，驱逐舰起了至关重要的作用，那些私人舰只和商船水手们的功绩也同样值得铭记。

*　　*　　*

人们焦急地关注着此次行动的进展，事态的发展让我们越来越有信心。27 日晚，海军当局看到戈特将军所守的阵地危在旦夕。于是，来自海军部的皇家海军上校坦南特（此刻负责敦刻尔克大撤退的高级海军军官）发来请求，要求动用每一艘能用的舰只，立即向敦刻尔克进发，因为“明晚能否撤离尚待研究”。眼下形势危急，甚至到了让人绝望的地步。为响应坦南特的请求，我们竭尽所能，抽调了一艘巡洋舰、八艘驱逐舰和二十六艘其他舰只支援敦刻尔克。28日，陆上战事吃紧，但随即在皇家空军的大力协助下，慢慢得到控制。29日，虽然在德军的攻击下，英军伤亡惨重（这一天，德机击沉了三艘驱逐舰外加二十一艘其他舰只，另有多艘舰只遭到不同程度的损毁），但撤退工作仍在有条不紊地进行中。

我们从未打算抛弃法军。在法国尚未提出任何请求及怨言前，我就已经下令：

首相致陆军大臣、帝国总参谋长和伊斯梅将军：

（原件送帝国总参谋长）

法军也应同英军一起，尽量从敦刻尔克撤出，这点十分重要。法军可以依靠的不单单只有本国舰只，我们应当立即与法国驻英国代表团或法国政府（如有必要）取得联系，做好安排，避免引起争端（或将争端降到最少）。或许，为避免指挥混乱，我们可以暂时让我们的军队顶替法军驻守敦刻尔克，先将法军的两个师撤离。请容我从长计议，想出最佳方案，如果你们有什么好的建议，也可以提出来。

1940年5月29日

首相致斯皮尔斯将军（巴黎）：

请将下文送交雷诺，以便告知魏刚和乔治：

我们已经从敦刻尔克港及周围海滩撤离近五万人，希望今晚还能撤离三万人。目前，我们的防线随时可能被击破，码头、海滩以及舰只也可能在敌军的空袭和来自西南方的炮火下全部瘫痪。没人知道眼下这种顺利的情况还能持续多久，也没人知道将来还能撤离多少人。我们希望和法军一起撤离，最大限度地撤离。我们已经下令，倘若法国海军请求支援，海军部应立即施以援手。我们不清楚将来会有多少士兵被俘，但不管多少，我们都希望尽我们所能，和法军一起承担损失。

我们也清楚，在这过程中难免会有混乱、压力和辛劳，但我们都毫无怨言。

或许德军近期便会大肆入侵英国，但一旦我们将撤回的军队重新整编好，一旦我们做好抵御德军入侵、保卫自己家园的准备，我们就将在圣纳泽尔地区组建一支新的英国远征军。我从印度和巴勒斯坦调来的正规军正在途中，澳大利亚和加拿大军很快也会赶到。眼下我们正在搬运亚眠南部地区的武器装备，这些装备足够为五个师所用，甚至还绰绰有余。但这些装备只供妥善部署和应对突然袭击之用，关于重整英军驻法部队的方案，我很快就会发给你。这封信寄托了我们之间的同盟之情，如有任何意见请直接与我沟通。

1940 年 5 月 29 日

*　　*　　*

30 日，我召集三军大臣和参谋长在海军部作战室举行会议。我们商讨了当天比利时海岸的局势。目前撤出的士兵总数已达十二万人，其中包括六千名法国士兵，参加此次行动的各色舰只共计八百五十艘。海军上将威克·沃克从敦刻尔克发来信息：尽管敌军发动猛烈空袭，弹如雨下，前一小时仍有四千人安全撤离。此外，他认为敦刻尔克可能明天就守不住了。我强调了撤离更多法军士兵的紧迫性和必要性，如若不然，这将会破坏我们和盟友之间的友谊，造成无法弥补的伤害。我还说，当在敦刻尔克的英军只剩一个军时，戈特勋爵应当登船撤回国内，由该军军长负责指挥收尾行动。英国军队应当死守阵地，这样就能让法军继续撤离。

由于我早已摸清戈特勋爵的脾性，我便亲自给他下达了如下命令，并于 30 日下午两点由陆军部正式下达：

撤退行动正在有条不紊地进行中，为确保能够最大限度

> 地撤出将士们，请坚守阵地。此外，请每隔三小时通过德潘讷向我们汇报一次。倘若通讯顺畅，届时，当英军所剩无几，由一个军长便可负责时，我们会下令让你携挑选的部分官员撤回国内，并将指挥权移交给这位军长。因此，请立即确认这位军长的人选。这是我们经商议后做出的合理决定，军令如山，不得违抗。倘若所剩兵力无几，你作为总指挥又被敌军擒获，那么从政治角度来说，敌军又取得了另一层面的胜利，这就得不偿失了。你指定的接班人，应当负责继续同法军一起坚守防线并继续从敦刻尔克和周围海滩撤离，若无法继续撤离，或无法继续组织有效抵抗、打击敌人时，他有权同法军高级司令官协商正式投降，以避免无谓的伤亡。

我发的这最后一封电报很可能也对后续的一些大事件以及另外一位英勇的司令官的命运产生了影响。1941 年 12 月底，在美国白宫，我从美国总统和史汀生先生①那里得知麦克阿瑟将军和其所率科里几多尔岛②驻军的艰难处境。当时，我觉得有必要告诉他们我们当年是如何应对相类情况的（当一个司令官所指挥的队伍所剩无几的时候）。于是，我把现在的这封电报拿给他们看，总统先生和史汀生先生仔细研读了一番。这封电报好像给他们留下了很深的印象，这让我大吃一惊。那天晚些时候，史汀生先生过来找我要了一份电报的副本，我当即给了他。可能就是这封电报（具体情况我不清楚）让他们做出了正确的决定——麦克阿瑟将军奉命将指挥权移交给手下的一位将军（温莱特将军），从而避免了战死或被日军俘获的命运，才能在日后叱咤风云，立下丰功伟绩。希望事实真的如此。

---

① 亨利·刘易斯·史汀生（1867—1950），美国政治家，战略家。二战期间任美国陆军部长。——译者注

② 二战中日军在此对美军发动了一场包围登陆作战。——译者注

*　*　*

30 日，戈特勋爵的参谋人员和多佛尔港司令海军上将拉姆齐商议后告知我，东部外围阵地最多只能坚守到 6 月 1 日白天。因此，我们必须把握最后的机会抓紧撤离，并尽可能保证最后留在岸上的英国后卫部队不会超过四千人。但随后，我们发现这样不足以防卫最后的阵地，因此决定让英军留守阵地直至 6 月 1 日与 2 日之间的午夜。与此同时，应确保在公平公正的基础上同时撤离法军和英军。

最终，5 月 31 日晚，戈特勋爵按照指示将指挥权移交亚历山大少将后撤回英国。

*　*　*

为了避免误会，我必须在 31 日亲自飞往巴黎，参加盟国最高军事委员会会议。同行的有艾德礼先生、迪尔将军、伊斯梅和斯皮尔斯将军。斯皮尔斯在议会任职，聪明睿智，自一战时便与我结下了深厚的友谊。作为法军左翼和英军右翼部队间的联络官，他于 30 日刚刚从巴黎飞回英国，带回法国的最新消息。他有一半的法国血统，曾在 1916 年带我前往维米岭，并将我引荐给法国第三十三军司令法约尔①将军。斯皮尔斯将军法语讲得很好，袖子上五条军功章②，耀眼夺目。此时此刻，只有这样的人才能缓和英法两国间紧张的关系。在应对及处理困难时，争论在所难免，通常，法国人喜欢喋喋不休，言辞激烈，而英国人则通常沉默不语，略显无礼。但斯皮尔斯在和法国高层领导交流时，语气温和却不失魄力，在这一点上，无人能出其右。

此次，我们并未去外交部，而是来到位于圣多米尼克街的陆军部

---

① 第三共和国时期的法国元帅，参加了第一次世界大战。1915 年任军长，1916 年任第六集团军司令。——译者注

② 英国在一战和二战期间曾为在战争中受伤的军官颁发条形军功章。——译者注

雷诺先生的办公室。我和艾德礼发现，出席这次会议的法国内阁成员只有两位——雷诺和贝当元帅。贝当元帅现为最高军事委员会副主席，这也是他第一次参加英法两国间的会议，他今天的穿着比较随意。出席此次会议的英方代表除了我和艾德礼之外，还有英国驻法大使、迪尔、伊斯梅和斯皮尔斯。法方代表中除了雷诺和贝当之外，还有魏刚、达尔朗、雷诺私人办公室主任德马尔热里上尉和法国战时内阁秘书博杜安先生。

我们讨论的第一个问题是关于挪威的局势。我说出了英国政府的想法：经过一番深思熟虑后，我们认为应当立即从纳尔维克地区撤离；我们应当将驻扎在那里的军队、驱逐舰和一百门高射炮转移到更需要它们的地方。此外，我们提议于 6 月 2 日开始撤退。英国海军可以将法军、挪威国王和任何愿意去法国的挪威士兵运回法国。雷诺说，法国政府对此并无异议，倘若意大利参战，地中海地区将急需这些驱逐舰，与此同时，若能将该地的一万六千名士兵安插到埃纳河和索姆河战线上，可能起到的作用更大。于是，这个问题就算了结了。

随即，我谈到了敦刻尔克地区的形势。关于北方各集团军的情况，法军知道的似乎并不比我们多。当我告诉他们已经有十六万五千名将士（其中有一万五千名法国士兵）成功撤离后，他们显得十分惊讶。当然，他们肯定也察觉到了在撤离的人员中，英军占绝大多数。对此，我解释道，这主要是由于当时法军多数在前线奋战，不得抽身，而许多英军师身处后方，距海较近，得以率先登船撤离。此外，法军直到现在都未收到撤退的命令。我来巴黎的一个重要原因，就是要确认法军是否收到了我们发给英军的类似的指示。目前严守中央阵地的三个英国师足以掩护所有盟军撤退，这是我们能为损失惨重的盟军所做的弥补，与此同时，我们还将不遗余力地出动舰只帮助盟军顺利撤退。此时此刻，形势危急，英王陛下政府觉得有必要让戈特勋爵将尚能战斗的士兵先行撤离，伤员紧随其后。倘若一切顺利，我们有希望撤出二十万身强力壮的将士。这次行动堪称一个奇迹。四天前，我们还想着此举最多只能撤离五万人。对于在此次行动中丢弃的大量装备，我

迟迟不能释怀。雷诺对英国海军和空军的成就大加赞赏，对此，我深表谢意。随后，我们详细探讨了如何重建英国远征军这一问题。

其间，海军上将达尔朗草拟了一份电报，准备发给在敦刻尔克的海军上将阿布里亚尔，其文如下：

> 1. 你应当率领麾下的几个师同英军司令指挥的几个师死守位于敦刻尔克周围的一个桥头阵地。
>
> 2. 一旦你确定阵地外部队再无撤退可能时，请你指挥驻守桥头的部队立即登船撤退。记住，让英军率先登船。

我随即打断道："英军不会先撤，英法盟军应当共同进退——携手并肩。"我说由英军殿后，大家对此表示赞同。

随即我们又谈到意大利问题。我代表英国政府阐述了我们的观点：倘若意大利参战，我们将立即予以痛击。意大利国内有很多反战人士，我们要让他们知道战争的残酷性。我提议，一旦意大利参战，就应当立即空袭意大利西北部的工业三角地带，即米兰、都灵、热那亚三城。雷诺先生同意我的看法。海军上将达尔朗说他已制定好计划，意大利一旦参战，便将组织海军和空军对意大利的石油供给基地实施轰炸，意大利的石油大半储藏于意法边境至那不勒斯沿线的海岸地带；对实施过程中所需技术问题的讨论也已提上日程。

随后我还提议，希望刚刚组建的英国战时内阁中能有更多成员可以尽快与法国内阁的同僚们相互认识。比如，我希望英国劳工大臣兼工会主席贝文先生到访巴黎。贝文先生活力四射，在他的领导下，英国的工人阶级做出比上次战争时更大的牺牲，放弃了假日和其他一些特权。雷诺对此表示赞同，并表现出极高的诚意。

谈完丹吉尔和西班牙宣布其为非交战国①的重要意义后，我又谈

---

① 指其军队不参加战争的国家，因此，在军事运输、人员征募和军队驻留等方面不受限制。——译者注

起了对未来总局势的看法。我说：“盟国必须不惜一切代价，与一切敌人奋战到底……最近的一系列事件已经激怒了美国人，因此，就算美国现在不参战，他们很快也将会大力支援我们。倘若德国入侵英国，也将对美国产生更为深远的影响。英国人无所畏惧，对于敌国的入侵也将予以激烈反抗，我们将不惜一切进行战斗，大大小小的村庄都将奋起反抗。我们需要一部分士兵进行本土防御，其余的部队任凭法国差遣……我坚信，只要我们奋战到底，就一定能取得最后的胜利。即便盟国中的任意一国败北，剩下一国也应当继续战斗。倘若英国不幸被夷为平地，我们也将在新世界①来临时继续战斗。倘若德国击败了我们当中的任意一国，或是两者都败在德国手下（相信德国绝不会手下留情），我们便将永远沦为傀儡和奴隶。我们宁愿让西欧的文明惨遭毁灭，也绝不愿意看到我们两个强大的民主国家失去生存的意义，如行尸走肉般苟延残喘。”

艾德礼先生表示完全同意我的看法。他说：“英国人现在已经意识到了目前的困境，也知道一旦德国得逞，他们辛苦建立起来的一切都将付诸东流。德国人不仅滥杀无辜，还会奴役别人的思想。英国民众从未如此坚决。”雷诺先生对我们所说的话表示感谢。他确信，德军之所以如此得意只是因为他们取得了暂时性的胜利，相比之下，德国人民的士气并未高涨到这种地步。他说如果法军能得到英国的帮助，成功守住索姆河，倘若美国能保障我方军火供应，我们一定能取得胜利。由于我重申了我的承诺（即一国战败，另一国仍继续战斗），雷诺先生对此表示感谢。

至此，正式会议结束。

当众人起身后，以贝当元帅为首的几位政要移步飘窗旁继续交谈，气氛相较于之前的正式会议稍有不同。斯皮尔斯则和我在一起，一边帮我做着翻译，一边不时地发表自己的意见。那位年轻的法国人——

---

① 指罗斯福和丘吉尔所设想的、杜鲁门总统于 1945 年创立的美国式世界秩序。——译者注

德马尔热里上尉，提出要在非洲战场战斗到底。但贝当元帅对此无动于衷，一副神情恍惚、黯然失色的样子时，我感觉他是想单独同敌军媾和。贝当元帅极具个人魅力和影响力，拥有极高的威望和处理逆境的能力，不怒自威，麾下将士唯他马首是瞻。这时，一位法国人（具体是谁我记不清楚了）用他们一贯优雅的腔调说道，倘若形势继续恶化，那么法国就不得不改变外交政策了。听到此处，斯皮尔斯站出来用流利的法语说道："元帅，我相信你知道，这意味着要实施封锁。"又有人说道："这恐怕是在所难免的。"接着，斯皮尔斯又当着贝当的面说道："不仅仅要封锁法国，还应当对被德军控制的所有法国港口实施轰炸。"斯皮尔斯能这么说，我很欣慰。我哼起了经常唱的一首歌：不管发生什么，不管谁倒下，我们都将战斗到底。

*　　*　　*

那一夜，外面零星的炮火声仍旧不断，我第二天一早便动身回国。回国后，我便立即给魏刚将军去信：

首相致魏刚将军：

现如今，撤退行动已经到了最后关头。英国空军已经倾尽全力，五个战斗机中队不间断作业，但今早仍有六艘舰只（其中一些满载官兵）被敌军炸沉。敌军的火力只对能通行的航道构成威胁。陆军方面，桥头阵地越来越小，敌军逐渐缩小包围圈。倘若我们坚守阵地至明天，那我们将全军覆灭；倘若今晚撤退，虽然仍会损失部分兵力，但很多人必然也会获救。目前，桥头阵地内尚能战斗的法军肯定没有你说的那么多，我们怀疑阵地内的总人数都没有那么多。对于目前的形势，你我都不得而知，海军上将阿布里亚尔身在碉堡内也不能做出准确判断。因此，我们派遣桥头阵地英国防区司令亚历山大将军与你方海军上将阿布里亚尔商议后再做出决定，

是否应坚守到明天再撤。相信你会应允。

1940年6月1日

5月31日和6月1日两天，我们迎来了撤退高峰（撤退行动尚未结束）。光这两天就有十三万两千人成功在英国登陆，其中，将近三分之一的士兵是冒着敌人的枪林弹雨从沙滩登上小船的。6月1日一早，德国轰炸机便全力出动，经常在我方战机返回加油的间隙发起攻击。由于海上舰只密集，在德军的攻击下，我方损失惨重，几乎为前一周之和。单单这一天，在德军飞机、水雷、快速鱼雷艇的袭击下，加上其他不幸遭遇，我方共有三十一艘船被击沉，另有十一艘遭到不同程度的损毁。

撤退行动已经进入尾声，我们的行动也越来越熟练，现在我们可以做到从容不迫地按计划行事，不会再像过去那样被频出的状况搞得措手不及。6月2日拂晓，敦刻尔克的桥头阵地在敌人的压力下继续缩小，此时坚守阵地的有四千名英军，配有七门高射炮和十二门反坦克炮，以及大量法军。此刻，撤退行动只能在夜里进行，夜幕一降临，海军上将拉姆齐便下令调集一切可用舰只前往敦刻尔克港。当晚，四十四艘舰只（不包括拖船和小艇）从英国出发，其中包括十一艘驱逐舰和十四艘扫雷船，此外，还有四十艘来自法国和比利时的舰只也加入行动。午夜前，英国后卫队便已全部登船。

然而，撤退行动并未结束。那晚，我们本打算撤走更多的法军（比法军自己提出的还要多），当拂晓时分，我们的舰只准备返航时（船上还有很多空位），还有大量法军（其中很多仍在与敌军周旋）留在岸上。因此我们不得不继续努力，继续行动。这时，尽管船员们已经连日奋战，但他们仍然不惧辛劳，响应号召。6月4日，有两万六千一百七十五名法国士兵在英国登陆，其中，英国舰只运送了超过两万一千人。不幸的是，有几千人留在那里，继续在日渐缩小的桥头阵地内战斗，直到4号早晨。此时，敌军已经进入该城外围地区，他们也已精疲力竭。为了掩护他们的英国和法国同伴撤退，他们英勇奋战

了很多天。他们的余生将沦为俘虏。让我们铭记：如果不是敦刻尔克后卫部队的坚持，我们在英国重建部队来进行本土防御和赢得最后胜利的工作也会异常艰辛。

最后，当天下午两点二十三分，海军部经法国同意后宣布“发电机行动”结束。

在英国登陆的英国军队和盟国军队①

日期	海滩撤离人数	敦刻尔克港撤离人数	共计	累计
5 月 27 日	0	7669	7669	7669
28 日	5930	11874	17804	25473
29 日	13752	33558	47310	72783
30 日	29512	24311	53823	126606
31 日	22942	45072	68014	194620
6 月 1 日	17348	47081	64429	259049
2 日	6695	19561	26256	285305
3 日	1870	24876	26746	312051
4 日	622	25553	26175	338226
共计	98671	239555	338226	

*　*　*

6 月 4 日召开议会，我向议会报告了整个事件的经过，我觉得我有责任这么做，而且还要在以后的秘密会议中详细阐明这次行动的始末。我至今仍保留着那份发言稿，在此，我截取几段。眼下，我觉得很有必要告诉我们的群众和全世界，我们之所以有战斗到底的决心绝

① 这些数字是根据海军部的记录整理出来的。关于累计登陆的人数，陆军部记录的是 336427 人。

不是纸上空谈，我们所做的一切也绝非垂死挣扎，我们之所以这么自信是有根据的。

> 我们必须极其慎重，不要把这次撤退蒙上胜利的色彩，战争不是靠撤退来取胜的。但值得一提的是，这次行动孕育着胜利！这场胜利属于我们的空军。很多归来士兵在登陆时并未看到空军的行动，英国空军在掩护他们撤退时向德军发起袭击，他们只看到仓皇而逃的德军飞机而忽视了英国空军付出的努力。我听到很多人指责我们的空军，这就是为什么我要站出来澄清这一事实的原因。让我来告诉你们事实的真相。
>
> 这次行动是对英德两国空军的重大考验。德国空军的目标不就是阻止盟军从海滩上撤退，并击沉参与运输的数以千计的舰只吗？纵观整个战局，还有什么比这一目标更重要，更有战略意义呢？他们千方百计想要达成目标，但我们并未让他们得逞，他们也因此尝到了挫败的滋味。我们的陆军成功撤离，德军也付出了四倍于我们的代价……事实证明，我们的空军在质量上要优于我们的对手，我们的飞机、驾驶员的素质全线占优。
>
> 相比海外作战，在本土上空抵御外敌入侵时，我们的空军将发挥更大的优势，我想说，这就是我们的信心来源。我要向这些年轻的飞行员致以最崇高的敬意。仅几千辆敌军装甲车便让强大的法国陆军节节败退、溃不成军，那是不是意味着保卫文明事业的任务本身就只能依靠几千名飞行员呢？
>
> 有人告知我们，希特勒先生有入侵英伦三岛的打算，以往也有人有这样的念头。当年，拿破仑带着他的平底船和他的大军在布洛涅驻扎[①]一年以后，有人告诉他说“英国那边

---

① 1803 年拿破仑统治的法国与英国为首的反法联盟再次爆发战争，拿破仑计划进军英国本土，1805 年发动特拉法尔加海战。——译者注

有顽强的野草”。自从英国远征军平安撤离后，这种野草也就更多了。

此刻，相比于一战和二战开始至今，英国本土的兵力空前强大，这些队伍将在本土防御中发挥巨大作用，但我们不能因此自满。我们不能只着眼于本土防御。我们还要履行对我们的盟友的责任。我们要将以戈特勋爵为首的英国远征军重新组建起来。现在，所有的工作都在紧锣密鼓的筹备中，但我们必须优化本土防御工作，这样一来，我们只需在国内留下小部分军队便可保障本国安全，我们也就能派遣尽可能多的军队向敌军发起攻击。这是我们现在正在做的。

我在结尾时说的一段话，正如将来可以看到的，对美国的决定产生了重要的影响。

“尽管欧洲的大片土地和许多文明古国已经陷入或即将陷入盖世太保①的魔掌和纳粹的爪牙之下，我们也毫不动摇，毫不气馁。我们将战斗到底。我们将在法国作战，我们将在海上和大洋中作战，我相信我们的空军也会越来越强大，因此我们将继续信心满满地在空中作战，我们将不惜任何代价守卫我们的祖国，我们将在海滩上作战，我们将在敌人登陆的地点作战，我们将在田野和街头作战，我们将在山区作战，我们决不投降。即便我们这个岛屿或这个岛屿的大部分地区被征服且已穷途末路——我从来不相信会发生这种情况——我们在海外的帝国臣民，也将在英国舰队的武装保护之下继续战斗，直到在上帝认为合适的时候，新世界拿出它的一切力量，来拯救和解放这个旧世界。”

① 德语“国家秘密警察”的缩写，由党卫队控制。——译者注

第七章

SEVEN

趁火打劫

英国和意大利的传统友谊——雷诺访问伦敦——法国和英国请求罗斯福总统进行干预——如果意大利宣战，即准备予以痛击——意大利和南斯拉夫——意大利宣战——法军堵住了对阿尔卑斯阵地的进攻——罗斯福总统对意大利的警告——英苏关系——斯塔福德·克里普斯爵士被任命为驻苏大使——我致斯大林的信

意大利和英国两国的友谊源远流长，最早可以追溯到加里波第和加富尔[①]时期。我们见证了意大利北部的解放，并目睹意大利一步步走向独立、统一。当时英国处于维多利亚时代，自由主义盛行，我们一直对意大利的遭遇感同身受。英意两国也因这一渊源结下了深厚的情谊。德国、奥匈帝国、意大利三国签订的同盟条约[②]中规定，不管发生什么情况，意大利绝不卷入任何对英战争。一战期间，也正是受英国的影响，意大利最终加入协约国阵营。墨索里尼掌权后开创了法西斯主义，对此，英国国内意见不一，但这都未曾影响两国人民的深厚友谊。在意大利计划入侵埃塞俄比亚引起争论前，他曾和英国一起指责希特勒和德国的狼子野心。我之前曾提到，鲍德温及张伯伦奉行绥靖政策，纵容意大利入侵埃塞俄比亚，给欧洲和非洲大陆带来了灾难；也曾提到我们因此疏远了意大利独裁者，但这并未从根本上危及墨索里尼的统治；还提到我们并未对埃塞俄比亚施以援手，破坏了国

① 二人皆为“意大利王国建国三杰”（19 世纪）成员。——译者注

② 1882 年 5 月 20 日，德国、奥匈帝国、意大利三国在维也纳签订同盟条约。——译者注

际联盟[①]协议。曾几何时，张伯伦先生、塞缪尔·霍尔爵士和哈利法克斯勋爵极力推行绥靖政策，真切地希望与意大利重修旧好，但这一切都是徒劳。墨索里尼认为日不落帝国[②]的太阳已经落山，意大利若想繁荣昌盛，就必须借助德国的力量来消灭英国。于是，柏林—罗马轴心[③]应运而生，我们也从一开始就预料到，意大利必定会协助德国入侵英法两国。

墨索里尼必须思量再三，以免意大利和他自己踏上一条不归路。他一直保持观望态度，这也是眼下最好的办法。交战双方都想尽力争取意大利，于是都充分照顾到意大利的利益，与其签订了很多优惠合约，意大利也得闲不断地扩充军备。就这样，不知不觉又过了几个月，意大利的立场仍未明朗。倘若意大利坚持目前的政策，那么它的命运如何，我们也未曾可知。由于在美国的意大利人较多，他们的立场很明确，倘若希特勒试图诉诸武力以争取意大利的支持，那么德国也将大祸临头。意大利若能继续保持中立，便可继续享受和平繁荣且会变得愈发强大。若希特勒对苏联采取行动，这样的状态可能会维持更久，意大利得到的好处也会更多：不管是在和平年代还是战争的最后一年，意大利半岛将始终保持一片和平，墨索里尼也会成为这个勤劳勇敢的国度里最贤明的政治家。倘若果真如此，所有的一切都将那么美好，但墨索里尼的决定却为意大利带来了厄运。

从 1924 年开始，我便在鲍德温内阁任财政大臣，我在职期间曾竭力试图维护意大利与英国之间的传统友谊。相比于法国，我和沃尔皮伯爵在进行债务结算时给了意大利更多的优惠政策。为表感谢，伯爵曾想授予我最高荣誉，我废了九牛二虎之力才得以婉拒。此外，在法西斯主义的问题上，我的立场也相当明确。1927 年，我曾两度与墨索

① 国际联盟，简称国联，是《凡尔赛条约》签订后组成的国际组织。——译者注

② 这里指英国。——译者注

③ 名称源于 1936 年 11 月 1 日意大利独裁者墨索里尼与纳粹德国达成协调外交政策的同盟条约，因柏林和罗马在同一经度上，因此，后人就把法西斯同盟称为“轴心”，参加国称为“轴心国”。——译者注

里尼会面，我本人也与他私交甚笃。至于埃塞俄比亚问题，若不是迫不得已，非得通过战争来解决，我是绝不会鼓励两国决裂的，也绝不会鼓动国际联盟的反意情绪。此前，我在宣扬重整军备运动时曾遭到国内民众的反对，虽然这是墨索里尼想看到的场景，但他和希特勒一样，仍对我表示理解和尊重。

现如今，法兰西战役形势岌岌可危，作为首相，我有责任尽我所能阻止意大利卷入这场战争。虽然知道希望渺茫，但我还是竭尽所能，动用一切可以利用的资源奋力一搏。接任政府领袖六天后，我代表内阁给墨索里尼写了一封呼吁书。两年之后，呼吁书连同他的回信公之于众，那时，形势已经大不相同。

* * *

首相致墨索里尼阁下：

现我已接任首相兼国防大臣，罗马会晤之后，英意两国间的隔阂似乎越来越大，但我觉得仍有必要向你——意大利元首——表达我们的友好之意。不知现在想要阻止英国和意大利兵戎相见是否为时已晚？倘若两国开战，届时必将在地中海上掀起一场腥风血雨，两败俱伤。倘若你执意参战，结果必将如此。但我必须声明，我从未想与伟大的意大利为敌，也从未对意大利的立法者存有任何敌意。这场席卷欧洲的战役结果如何，尚未知晓，但我可以肯定的是，不管欧洲大陆上发生什么，即便我们不得不孤军奋战（我们过去也曾孤军奋战），我们也必将奋战到底。我坚信，美国乃至整个美洲人民都将给予我们越来越多的支持。

请你相信，我之所以这么说并不是因为我们软弱，也不是因为我们害怕，这一点自会载入史册。长久以来，人们一直希望作为拉丁文明和基督文明共同继承者的各国能和平共处，切勿自相残杀。这种呼声高于一切，因此，听我说，我

以我的荣誉和尊严恳求你，希望你方不要对我方宣战。我们绝不会做出这样的事情。

1940 年 5 月 16 日

墨索里尼回信的语气相当强硬，但至少做到了有话直说，并未遮遮掩掩。

墨索里尼致首相：

我之所以回信就是要告诉你，你一定十分清楚为何我们两国分立于敌对阵营，这当中既有历史原因又有偶然因素。我想提醒你的是，几年前，意大利想在非洲争取一席之地，当时这一举措并未对贵国或其他国家的利益和领土造成任何影响，但英国政府却牵头在日内瓦召开会议，对意大利实施制裁。我还想提醒你，意大利人现在依然在自己的领海上遭人奴役。倘若英国政府对德宣战只是为了履行诺言，那我想告诉你，我们也同样尊重条约，《德意同盟条约》中规定德意两国如有一方卷入战争，另一方都将给予陆海空军事支持，这一条约也决定了意大利现在和未来的政策。

1940 年 5 月 18 日

此刻，墨索里尼的意图已表露无遗，他打算寻找最有利的时机加入战争。事实上，早在法国陆军节节败退时，他就已经下定决心了。5 月 13 日，墨索里尼告诉齐亚诺①，他决定在一个月内对法国和英国宣战。5 月 29 日，他告诉意大利三军参谋长，将于 6 月 5 日之后寻觅合适机会参战，随后又应希特勒要求，将宣战日期推迟至 6 月 10 日。

① 加莱阿佐·齐亚诺（1903—1944），意大利法西斯领袖墨索里尼的女婿和接班人，是二战期间意大利政坛的风云人物，参与了慕尼黑会议、德意结盟等重大历史事件。——译者注

*　　*　　*

5月26日，北方各集团军危在旦夕，没人知道该如何化险为夷。此时，雷诺先生飞来英国，就意大利问题与我方商谈。关于意大利，我们也顾虑重重，日夜难眠。意大利随时可能参战，若意大利参战，届时法国南部将燃起新的战火，我们不得不抽身应对另一批穷凶极恶的敌人。现在的问题是我们怎样才能拉拢墨索里尼，让他放弃这一念头。我认为这毫无机会，法国总理却认为我们可以试试，但他给出的每一个理由都让我更加坚定了我原来的看法。然而，法国的撒手锏——陆军，在雷诺的领导下节节败退，为此，法国上下给了他很大的压力，但我们却对他的处境表示充分理解。雷诺先生在回忆录里详细记录了此次来访的全过程，其中还重点谈到了我们的谈话。哈利法克斯勋爵、张伯伦先生、艾德礼先生和艾登先生也参加了会谈。会上，我们并未一一商讨目前的危急形势，雷诺先生也直截了当地说法国可能会和德国停战。他明确表态，他本人一定会战斗到底，但可能很快就会有另外一个脾气完全不同的人取代他的位置。

5月25日，我们在法国政府的请求下向罗斯福总统发出联合声明，请求美国介入。信中，我们告诉美国，我们与意大利在地中海问题上素有恩怨，此时倘若意大利提出任何合理请求，我们也当予以满足，盟国允许意大利参加和平会谈，参会身份与任何交战国平等，我们将邀请罗斯福总统对会上达成的任何协定做个见证。总统先生确实这么做了，但提议却遭到了意大利独裁者粗暴无礼的拒绝。在和雷诺先生会面时，我们便已经得知这一结果。法国总理提议做出让步，此时要想改变意大利“在自己的领海上遭人奴役”的情况，就必须打破直布罗陀和苏伊士地区的现有格局，法国也准备在突尼斯问题上做出让步。

对此，我们不敢苟同。这并不是因为我觉得这个提议是错的，也并不是因为我觉得花这么大的代价来阻止意大利参战不值得，我只是

觉得，依照目前的处境，我们没有资格和墨索里尼谈任何条件，因为一旦我们战败，任何他想要的东西，都可以自己去拿或从希特勒手中得到。一旦一方沦落到任人宰割的境地，那么也就没有讨价还价的余地了。一旦我们选择同意大利和平谈判，我们便失去了继续奋战的动力。我的同僚们都十分坚持，一旦墨索里尼宣战，我们便即刻派兵轰炸米兰和都灵，看看他的反应如何。雷诺打心底里反对我们的意见，但最后似乎被我们说服了，或者至少对我们的计划表示满意。我们无法立即做出决定，最多将此事先提交内阁，待第二天给他确切答复。当天，雷诺和我在海军部共进午餐。战时内阁商讨完毕后，我给雷诺发了封电报，其中大部分内容由我亲自措辞。

*　　*　　*

首相致雷诺先生：

1. 关于你方今日提议向墨索里尼做出妥协一事，我和我的同僚们进行了仔细研究，我们明显意识到，目前我们两国面临的形势异常严峻。

2. 我们之前已经谈论过这一话题，但如今形势又有了新的进展，比军投降让我们的处境变得更加艰难，现如今布朗夏尔将军和戈特将军的部队已经很难从港口撤离。因此，这次不幸造成的首要后果是，德国此时完全占据主动，他们提出的任何条件我们都是不可能接受的，相信英法两国绝对会作战到底，不会现在就放弃抵抗，缴械投降。

3. 上周日，哈利法克斯勋爵曾提议，倘若墨索里尼愿与我们合作，在不侵犯我方主权的条件下，以和平、公正为基础处理欧洲问题，那我们也愿意就地中海局势问题与其进行协商。现在为了拉拢墨索里尼，让其从中调停（哈利法克斯勋爵上周日曾提议让墨索里尼调停对德战争），你又准备做出进一步妥协，增加某些特别的让步条件，但我觉得墨索里尼不会为之所动，且这些条件一旦提出便不可收回。

4. 我和同僚们认为墨索里尼早就盘算着要在最后关头从中调停，并打算从中牟利。但此刻希特勒沉浸在胜利的喜悦中，加之法军迅速溃败，即便墨索里尼从中调停也不可能有任何进展。顺带提一下，应我们的要求，罗斯福总统提出与意大利和谈，但遭到了无情拒绝。还有一点，哈利法克斯勋爵曾于上周六同意大利驻英大使交涉，但至今仍未收到答复。

5. 因此，我们不排除可能会在未来的某一时间同墨索里尼进行和谈，但现在并不是最佳时机。而且我还要补充一点，这是一件十分危险的事，可能会影响英国人民目前坚定不移的信念，损害人民的士气。至于会对法国产生什么影响，你也应该心里有数。

6. 你可能会问，我们应当如何应对目前的局势？我认为，即便法国第一军团和英国远征军（北方的集团军）全军覆没，比利时投降，我们也依然要有坚定不移的信念。这样的话，就算进行和谈，我们也更有底气，还能赢得美国的赞赏，或许美国还会给予我们物资支持。此外，我们的海军和空军战无不胜（每天都会击落大量德国战斗机和轰炸机），因此，只要我们两国能够携手并肩，共同奋战，我们就一定能继续给德国施压，维护两国的共同利益。

7. 我们相信德国也想速战速决，他们遭受了很大的损失，遇到了很多困难，加上对我们空军的恐惧，士气也在一点一点消耗。倘若我们这么快就束手就擒，我们可能会失去一个唾手可得的良机，这才是真正的悲剧。

8. 依我看，倘若我们两国愿意奋战到底，我们或可避免重蹈丹麦和波兰的覆辙。要想胜利，最重要的是要团结，当然还需要我们有浴血奋战的决心。

1940 年 5 月 28 日

然而，这封电报并未说服法国放弃和谈。几天后，法国政府直接同意大利商议，要求就领土问题进行和谈，可墨索里尼对此不屑一顾。6 月 3 日，齐亚诺对法国大使说："对于法国的提议，即通过和谈的方式从法国收回争议领土，墨索里尼对此并不感兴趣。他已经决定对法宣战。"这一切都在我们预料之中。

*　　*　　*

如今，我每一天都要发出一系列指示，以确保当墨索里尼发起袭击时，我们能立即予以还击。

首相致伊斯梅将军：

1. 请将下列指示移交参谋长委员会：

一旦意大利参战，我们是否已准备好袭击驻埃塞俄比亚的意军，是否准备好步枪和资金支援埃塞俄比亚起义军，是否准备好全面开战？

我知道南非联邦的史末资将军已经派了一个旅前往东非，请问是否已经到达？什么时候能到？除此之外，是否有其他部署？喀土穆和青尼罗省[①]的驻军实力如何？此时若有盟军协助，便是埃塞俄比亚人争取民族独立的最佳时机。

2. 意大利参战后，届时若法国依然愿与我国结盟，那么最好的应对办法便是派出联合舰队从地中海两头主动出击。战争初期，我们便应从海上和空中同时对意大利进行打击，以便摸清敌军实力，看看自一战过后，意大利的军事实力是否有所变化。地中海地区总指挥提出的防御性战略是行不通的。除非意大利实力太强，不然的话，与其坐以待毙，不如让驻扎在亚历山大港的舰队冒险出击。届时，各战区都应积

① 苏丹的两个省。——译者注

极应战。

3. 到时候，就算法国保持中立，我想海军部也已准备好了应对之策。

1940 年 5 月 28 日

首相致伊斯梅将军（及其他人）：

我们必须尽早从巴勒斯坦撤回八个营。我认为，此时运兵船已不可能取道地中海，回国航线须从红海和波斯湾中二选一，具体方案（可穿越沙漠到达波斯湾）请你们下午进行商讨，在征询海军部的意见后向我汇报每条路线所需时间及其安全性。澳大利亚军可暂时留守巴勒斯坦，但高级官员必须同其他人员一样，服从国家安排。

至于是否能用大船快速将这批人经由好望角运回，全听海军部的调遣。

1940 年 5 月 29 日

首相致海军大臣：

一旦意大利参战，我们是否已准备好夺取意大利的所有舰只？停泊在英国各港口的意大利舰只有多少？我们应该如何应对这些停泊在海上和外国港口的舰只？请你立即将这封信代为转达给有关部门。

1940 年 5 月 30 日

上文曾提到，5 月 31 日，我们在巴黎召开的最高军事会议上已达成一致意见，认为盟军应尽早在指定的意大利目标区域展开攻势，英法两国的空军和海军应团结一致，一起奋战。我们还达成共识：一旦意大利决定入侵希腊（现已有迹象），我们应当尽力保全克里特岛，避免其落入敌军手中。关于这次会议，我在备忘录上做了详细记载。

首相致空军大臣和空军参谋长：

一旦意大利参战，里昂和马赛很有可能遭到敌军空袭，届时我们应当立即派遣重型轰炸机予以还击。因此，我认为一经法国批准且法国各后勤部门已经做好接待准备时，我们就应当尽早派遣我方飞机前往法国南部。

请在今晚的会议上告诉我你们的看法。

1940 年 6 月 2 日

首相致空军大臣和空军参谋长：

一旦意大利参战或当收到意方傲慢无礼的最后通牒时，我们应当立即对意大利发起攻击，这点很重要。听闻法方的各后勤单位正在前往法国南部机场，请告诉我他们的具体位置。

1940 年 6 月 6 日

早些时候，意大利是这么打算的（齐亚诺十分赞同该计划）：意大利在欧洲的行动应以进攻南斯拉夫为限，这样既可以巩固意大利在东欧的势力，又可以提升意大利的潜在经济地位。墨索里尼也曾一度为这一想法动容。格拉齐亚尼在记录中写道，元首曾于四月末和他说："我们必须征服南斯拉夫，我们需要原材料，南斯拉夫的矿产里有我们需要的材料。因此，我的战略指示是对西（法国）以防御为主，与此同时向东部（南斯拉夫）发动进攻。请你仔细研讨这一议题。"格拉齐亚尼声称他曾极力反对在装备不足（尤其是缺少大炮）的情况下贸然发动进攻，以免重蹈 1915 年伊松佐河战役①的覆辙。关于攻打南斯拉夫的计划，当时也存在政治上的分歧。此刻，德国十分谨慎，他们担心一旦破坏现有的东欧局势，英国可能会在巴尔干半岛上采取行动，

① 意军同奥军交战中，意军缺乏重炮和弹药，且不熟悉阵地攻防战术，预备队未能及时投入战斗，兵力分散，结果伤亡惨重。——译者注

苏联也有可能在东欧进一步采取行动。当时，我并不知道意大利的这一计划。

首相致外交大臣：

此前，即便意大利袭击南斯拉夫，我也一直反对以此为由与其交战，因为我想看看这是否会对南斯拉夫的独立造成打击，抑或是意大利只想攻占亚得里亚海上的几个海军基地。然而，现在局势已经大不相同。意大利一直宣称要对英国和法国宣战，并且要光明正大地开战，决不“偷偷摸摸”。即便没有南斯拉夫，我们也会与意大利决裂，因此我们现在是不是应该把重心放在动员巴尔干半岛上？请你仔细考虑这一问题。

1940 年 6 月 6 日

* * *

美国已经尽力了（赫尔先生在回忆录里进行了详细描述），但仍未让墨索里尼改变主意。在意大利正式参战前，我们已经做好了迎接新的战斗的准备。6 月 10 日下午四点四十五分，意大利外交部部长通知英国驻意大使，称意大利将于第二天下午一点正式向英国宣战。与此同时，法国政府也收到了同样的照会。齐亚诺将照会递给法国大使弗朗索瓦-蓬塞先生，蓬塞先生一边朝门口走去一边说道：“你们总有一天会察觉，德国人也不好伺候。”英国大使佩尔西·洛兰先生则显得十分镇静，末了，他只问了一个问题：“这是提前声明还是正式宣战？”齐亚诺回应称这便是正式的战书。洛兰随即鞠了一躬，便出了门，未多说一句。此时，在罗马，墨索里尼站在阳台上对着秩序井然的人群宣称，意大利已正式向法国和英国宣战。日后，齐亚诺辩解道，这是“五千年难得一遇的机会”。这样的机会确实很少，但不见得就一定是良机。

随后，意军立即向阿尔卑斯一线的法国军队发动袭击。作为回应，英国也随即向意大利宣战。滞留在直布罗陀海峡的五艘意大利舰只被英国控制，我们也下令让海军在海上拦截所有意大利舰只，并将其带到我方控制范围内的港口。12 日晚，我们的轰炸机中队，在经历了长时间飞行（这些飞机都是轻装上阵）后，在都灵和米兰投下了第一批炸弹。然而，这是不够的，一旦法国马赛机场可供我方使用，我们有望增强火力。

此刻，为方便读者理解，我可能需要简单地提一下法意战争。意大利西部集团军的三十二个师，在翁伯托亲王的率领下，从阿尔卑斯山口和里维埃拉沿岸发动进攻，法军此时只能集结三个师的正规军，以及略多于三个师的要塞部队予以抵抗。与此同时，强大的德国装甲师迅速南下至罗纳谷，意图切到法军后方。然而，即便巴黎陷落，里昂也已落入德军之手，意军却被阿尔卑斯地区的法国军队牵制住，毫无进展。6 月 18 日，墨索里尼在慕尼黑与希特勒碰面时，并没有什么值得吹嘘的资本，因此，意大利于6 月 21 日发动了新一轮进攻。然而阿尔卑斯地区在法国军队的把守下固若金汤，向尼斯进发的意大利主力部队也被迫驻扎在芒通郊外。即便位于法国东南边境一线的军队守住了法国陆军的尊严，但德军此时却已顺利南下并绕至法军后方，法军无法继续抵抗。在与德国签订停战协定时，法方也要求意大利停火。

* * *

不幸的齐亚诺在被自己的岳父下令处死前曾写给我一封信，在这里，我想引用这封信，权当对意大利的悲剧做个结尾。

丘吉尔阁下（维罗纳）：

我在临死之前给你写这封信，相信你也不会太惊讶，因

为你在我心中是一位真正的十字军[①]战士，即便你曾经对我颇有微词，我却一直对你怀有深深的敬佩之情。

墨索里尼已经犯下背叛祖国、违反人道的滔天罪行，和德国狼狈为奸。在这一点上，我从来都不是同谋，事实上，我是坚决反对的。去年8月我从罗马失踪，是因为德国人骗我说我的孩子们处于危险之中。他们答应将我送往西班牙，但却不顾我的意愿，将我和我的家人流放到巴伐利亚。现如今，我在维罗纳监狱已经待了近三个月，每天都要忍受党卫军[②]的酷刑。我知道我已时日无多，他们很快就要行刑了，其实这对我来说也算是一种解脱，这样我就不用再忍受折磨了。我宁死也不愿看到意大利在德军的蹂躏下满目疮痍，这是一种奇耻大辱。

我曾亲眼看见希特勒和德国为这次战争所做的残忍的、灭绝人性的准备，我也是近距离目睹这一切（意图把世界卷入这场血雨腥风的战争）的唯一一名外国人。按照这帮匪徒的一贯作风，他们打算除掉我这个目击证人，避免被人抓到把柄。但他们的如意算盘打错了，我在日记中记载了德国犯下的所有罪行，以及可悲又可耻的墨索里尼为了名利，不顾仁义道德，与德国勾结并最终沦为傀儡的丑行，我早就把这些记录连同一些文件放到了一个安全的地方，相信这比我本人现身说法更加可信。

我早就已经安排好了，一旦我死了，盟国的出版社很快便会将这些材料（驻意大使佩西·洛兰爵士在罗马的时候就已经知道了这些资料的存在）公之于众。

或许我现在能做的贡献只有这些，但这已是我的全部，

① 由基督教士兵组成的军队，曾参加东征，士兵都佩有十字标志，因此被称为十字军。——译者注

② 德国纳粹党中用于执行治安勤务的部队之一，是与纳粹党武装战斗执行部队的冲锋队并立的执行情报和监视、拷问行刑的组织。——译者注

我将这些连同我的生命全部奉献给自由和正义的事业，我相信胜利一定属于正义的一方。

请务必将我的证词公之于众，这样，全世界的人才能知道并铭记事实的真相。意大利的不幸应当归咎于一个人的无耻恶行，并非他的臣民，我希望人民能够记住这一点，其他的一切只能留给后世去评价了。

此致

敬礼！

加莱阿佐·齐亚诺

1943 年 12 月 23 日

*　*　*

6 月 10 日晚，罗斯福总统发表演说，约午夜时分，我和一些官员在海军部的战争指挥室收听了这次演说。当时我们还在工作。说到意大利，罗斯福言辞激烈，他说："1940 年 6 月 10 日，有人拿着匕首在邻居背后捅了一刀。"听到这一番话，屋里的人都觉得很泄愤。美国即将进行总统选举，听完罗斯福的这一番话，不知那些美籍意大利人还会不会支持他。我知道罗斯福总统是一位颇为老到的政治家，同时亦是一位有魄力的人，从不惧怕冒险。这是一次出色的讲话，慷慨激昂，向我们传递了希望，给我留下了深刻的印象。因此，临睡前，我给罗斯福写了一封信，以表谢意。

前海军人员致罗斯福总统：

昨晚，听了你的演说之后，我们信心满满，都折服于你的远见卓识。眼下虽形势危急但也不是毫无希望，你说美国将对盟国给予物资援助，这一点无疑给我们打了一剂强心针。无论如何，法国都要战斗到底，决不能有媾和的念头（即一旦巴黎陷落便放弃抵抗，准备同敌人进行和谈）。你的这一番话可能会鼓舞法军继续坚持战斗。法国陆军应当全力出击，保卫自己的每一寸土地。相信一旦希特勒对法国久攻不下，便会转攻英国，因此，我们也正在备战，以应对德国的攻击，保卫英伦三岛。在英国远征军成功从敦刻尔克撤退后，英国本土兵力便十分充足，只待重整军备后，便将立即重新出征法国。

我们计划在1941年派一支强大的远征军队伍前往法国进行战斗。我已经给你发了电报，为保卫英伦三岛，我们急需飞机和飞艇。除此之外，眼下最急缺的是驱逐舰。意大利参战后，我们需要应付更多的潜艇，意大利的潜艇可能会驶向大西洋并在西班牙各港口建立基地。因此，我们只能借助驱逐舰的力量来对抗意大利的潜艇。战争爆发时，我们已经开始建造驱逐舰，但这一过程需要六个月，因此目前最重要的，便是拿到你方为我方已经修缮好的三十到四十艘旧驱逐舰来填补这一空缺，拿到之后我们将迅速为其配备潜艇探测器。随后，只要你方需要，请提前六个月通知，届时，我们一定会原物归还或归还你方同等数量的驱逐舰，决不食言。接下来的六个月十分关键。倘若我们既要保卫东部海岸免遭德军入侵，又要阻止德意两国潜艇袭击英国商船，这绝非我方能力之所及，到时，我们赖以生存的海上交通线可能会被敌军切断。因此，目前时间紧迫，一天也不容浪费。请允许我和我的同事向你方为我们共同的事业（请允许我这样称呼）所做出的和将要做出的努力表示感谢。

1940年6月11日

* * *

一直以来我们对苏联都采取包容的态度，试图和苏联重建友好关系，因为我们相信苏德两国的本质不同，随着事态的发展，这一点也将逐渐显现出来。于是，我们派斯塔福德·克里普斯爵士出任驻苏大使，希望借助他的才能重修两国之好。尽管这一任务前途无望，但他还是欣然接受了。那时，我们并未充分意识到，相比于保守党人和自由党人，苏联共产党人更痛恨极端左翼分子。5 月 29 日，舒伦堡向柏林汇报时在信中写道："苏联愿意用木材来换取英国的橡胶和锡。对于克里普斯出任驻苏大使一事，我们也没有必要担忧。因为，苏德两国的友好关系是毋庸置疑的，只要苏联对英国的政策未变，就不会影响到德国的利益。德国目前所取得的成就也并未令苏联政府产生警觉和恐惧。"

法国的陷落、法军的溃败，以及西欧均势的打破理应敲响苏联的警钟，但苏联的领袖们似乎并未发觉自己也即将大祸临头。苏联未曾想到，差不多就在一年后，正是这批德军向苏联发动突然袭击，将战火烧到了自己头上。我们现在才知道，早在法国沦陷四个月后，德国便已经打定主意要铲除苏联。从那时起，这一大批德国军队便已经开始秘密向东大规模行进。

然而，相比于这些冷血无情的投机者，我们比他们自己更能认清他们即将面临的危险，于是，我第一次给斯大林写了一封信。

首相致斯大林先生：

此时，欧洲局势瞬息万变。我亲自写了封信，借你接见英国新驻苏大使之机，请他代为转交。

从地理位置上来看，英苏两国位处欧洲的两端，此外，从政治体制上来看，两国也完全不同。但我相信这些并不妨碍两国在世界范围内和平共处、互惠互利。

我承认，过去（事实上就在不久之前），我们之间因为相互猜疑而影响了两国关系。去年 8 月，英、法、苏三国在莫斯科举行谈判，然而，谈判毫无结果。

但从那之后出现了一个新的因素，因此，我觉得我们两国有必要重修旧好，以共同应对关系到英苏两国利益的欧洲

事务。此刻，欧洲各民族和国家（包括英国和苏联在内）面临的问题是，德国意图在欧洲大陆建立霸权，我们应该如何面对？

英苏两国地理位置比较特殊，两国恰好坐落在欧洲的东西两极，相比于欧洲其他各国，我们要幸运得多，也能更好地抵抗德国的霸权。想必你也能看出来，英国政府打算利用地理上的优势和丰富的资源来对抗德国霸权。

事实上，大不列颠的政策主要有两个着眼点：第一，保卫英国不受纳粹德国的侵略（显然德国是这么打算的）；第二，帮助欧洲其他国家摆脱纳粹德国的统治（德国现在正在做的）。

德国在欧洲推行的霸权主义是否会威胁到苏联的利益？倘若如此，苏联又该如何应对？这些问题只能由你们自己去判断。但我感觉到眼下欧洲（实际上是全世界）正在经历的这场危机异常严峻，因此，我有必要向你阐明英国政府看到的现象。德国目前正按部就班地推行吞并欧洲的计划，因此，我希望，当今后斯塔福德·克里普斯爵士在和你方就这一议题或英国政府的政策进行商讨时，彼此之间不会出现任何误会，因为大英政府愿意与苏联政府就德国问题进行充分协商。

1940 年 6 月 25 日

然而，正如我所料，斯大林并没有回信。斯塔福德·克里普斯爵士平安抵达莫斯科后，斯大林予以接见，但只是流于形式。

第八章 EIGHT 再谈法国

失去的装备——一个出于信义的行动——双重压力来临——英国陆军的重新整编——法兰西战役的最后阶段——“老苏格兰仍然不可轻侮”——魏刚和贝当——法国人阻止皇家空军轰炸都灵和米兰——德军攻占巴黎——海军上将达尔朗的承诺——我们的归途

当得知从敦刻尔克撤退的人数后，岛上和整个大英帝国都洋溢着一种得救后的喜悦。人们如释重负，这次撤退也差点被蒙上了胜利的色彩。我们共计撤回约二十五万英国陆军骨干，过去几年我们屡遭挫败，而这就像是一个里程碑。在这场行动中，南方铁路局、陆军部调动司、泰晤士河口各港的工作人员发挥了巨大的作用，值得高度赞扬。在这里，我要尤其表扬一下多佛尔港的工作人员，他们曾协助二十多万人在这里登陆，并迅速将他们转运至全国各地。这些归国的部队只带回了随身的步枪、刺刀和数百挺机枪，回到英国后，我们立即将他们送回各自家中，允许他们休整七天。家人团聚的喜悦并没有盖过他们想尽早与敌军战斗的热情。那些曾经和德军交过手的士兵们心中都有一股信念，只要时机合适，他们一定能够打败德军。此刻，将士们士气高涨，很快便重新回到原来的岗位（各自的团和营）上去了。

此刻，所有的大臣和各部官员们（不管是常任还是新上任的）都信心满满、激情四射，他们通宵达旦，其间涌现出很多可歌可泣的英勇事迹。就我个人来说，我觉得非常振奋，思维也异常活跃，这让我得以发挥平生所学。陆军的获救让我激动不已。我竭力做好自己的本职工作，上传下达，每天向各部门下达指示，向战时内阁递交报告。伊斯梅负责将指示转达给参谋长委员会，布里奇斯则负责将其转达给

战时内阁和相关部门。我也偶尔有一些错误和疏漏，但很快都得到了更正，总的来说，约百分之九十的指示都付诸实施了，这样的速度和效率是任何体制都无法比拟的。

当我确认英国陆军已平安撤退后，我的脑海里便涌现出一些念头，详见下文。

首相致伊斯梅将军：

国防大臣致参谋长委员会的便笺：

英国远征军的成功撤离彻底改变了英国本土的防御形势。待远征军各单位按照国防编制整编完毕后，我国便拥有大量训练有素的士兵，足以抵挡大规模的进攻。即便二十万敌军来犯，也不在话下。我们原先有一万人负责本土防御，在此基础上每增加一点，敌军进攻的难度就大一点，所冒风险将不断增多，所付出代价也随之提高。陆军部须就下列问题进行商议，联合参谋部也应帮忙出谋划策。

1. 让英国远征军恢复战斗力最快需要多久？

2. 具体的整编方案是什么？是否应在满足本土防御的情况下再出征法国？总的来说，我赞成这个方案。

3. 应当立即对留在法国的英国远征军加以整编，否则，法军很有可能会放弃抵抗。即便巴黎陷落，也应当呼吁法军继续组织大规模的游击战。我们可以考虑在布列塔尼半岛建立桥头阵地，让大规模远征军从这一地区重新登陆法国。我们必须拿出具体方案，告诉法国人，只要他们愿意坚持就有希望渡过难关。

4. 英国远征军在重组之后，应先满足本土防御的需要，待满足这一前提后，应当派遣三个师出征法国，与在索姆河以南的两个英国师或法军残留部队会合。我们目前应该考虑的问题是，是否应立即派加拿大师前去支援。请你们商议出具体方案。

5. 倘若一周前我们知道敦刻尔克能取得如此好的成果，那么纳尔维克的形势可能就截然不同了。即使是现在，我们也要仔细商讨，看要不要派一支队伍留守纳尔维克，看能不能在没有任何支援的情况下再守上几个星期。我深知政策反复不定带来的危害，因此，请大家务必仔细研读经济作战大臣的来信和总司令几天前发来的电报，进而做出最后决断。

6. 让海军部上报驱逐舰队的最新情况，并标明六月份已经生产出来的、预计可生产的以及可以修好的驱逐舰数量。

7. 现在可以让从印度撤回的八个营的土著兵接替巴勒斯坦八个营的正规军，这批正规军必须撤回，转而变成新英国远征军的骨干力量。

8. 一旦澳大利亚军登陆，运输的大船应即刻返航，将英国本土防卫队的八个到十个营运到孟买。随后，这些船将继续工作，从印度运回一批八到十个营的正规军到英国，最后再将英国本土防卫队的八到十个营运到印度。现在我们要考虑的是，如何用同样的方法来调遣驻在印度的炮兵。

9. 我们原先打算在战争开始后的十二个月里将英国远征军扩大二十个师，但目前来看，由于装备的遗失，我们最多只能在战争开始后的十八个月里将英国远征军扩大十五个师，但不管怎样，我们都要将具体计划摆在法国人面前。英国远征军应以装甲师、第五十一师、加拿大师和两个师的本土防卫队为主力，于7月中旬整编完毕，届时交由戈特勋爵指挥。此外，新增的六个师将由二十四个营的正规军连同本土防卫队、第二加拿大师、一个澳大利亚师和两师本土防卫队组成，于战争开始后的十八个月内整编结束。顺利的话，远征军的规模可能更大。

10. 眼下最要紧的是从远征军的正规军里抽出至少六个旅承担本土防御任务。

11. 撤退行动已进入尾声，我们应出动空军掩护撤退行

动，关于这点，你们今晚作何安排？目前正是紧要关头，我们应当减轻后卫部队的压力了。

末了，我表达了对未来整体形势的展望。就我个人来说，我并不担心德国侵略英国，相比之下，我更担心德国攻破索姆河或埃纳河一线进而攻陷巴黎，显然，我相信德国正打算这么做。想必德国已经察觉到，目前，大不列颠拥有空前强大的武装力量，倘若他们贸然发动袭击，摆在他们面前的并不是一群乌合之众，而是一支曾经让他们尝尽苦头的军队，正是这支军队让他们节节败退，甚至让他们在我军撤退过程中都不敢过度干扰。以上种种必定会让德国选择继续向法国发动进攻，以图彻底击败法国。接下来的一段时间里，在远征军或其骨干力量尚未整编完毕以前，局势仍旧十分危险。

1940 年 6 月 2 日

*　　*　　*

敦刻尔克撤退行动也不全是光彩的事，其间我们损失惨重。工厂为陆军生产的第一批武器全部被我们丢弃了，这其中包括：

军火	7000 吨
步枪	9 万支
大炮	2300 门
各式车辆	12 万辆
布朗式轻机枪	8000 挺
反坦克枪	400 支

即便在没有敌军干扰的情况下，要弥补这些损失也需要花费数月时间。

此时，大西洋彼岸的美国领导人内心情绪已逐渐高涨。斯退丁纽斯（第一次世界大战时我在军需部的一位同事之子，也是我们最真挚

的朋友之一）对此做了准确而又精彩的描述。美国已经了解了当时的情况：大部分英国陆军已经成功撤离，但却丢弃了所有的装备。早在6月1日，罗斯福总统就已经下令，让陆军部和海军部清算可拨给英国和法国的武器。当时担任美国陆军首脑的是参谋长马歇尔将军，他拥有极高的军事才能且高瞻远瞩。接到命令后，他立即让军需署长和助理参谋长详细检查了美国军械与军火储备的清单，四十八小时内便清算完毕，马歇尔将军于6月3日批准所列清单。第一批清单包括：五十万支零点三英寸口径的步枪（这是一批用油脂封藏了二十多年的枪支，为1917年至1918年间制造，当时共生产了两百万支），每支枪附子弹二百五十发。此外，还有九百门七十五毫米口径的野战炮（附带一百万发炮弹）、八万挺机关枪及其他各色军火。斯退丁纽斯先生曾在他有关美国的援助的巨著中写道：“眼下形势紧急，分秒必争，因此美国军方决定将清单上所列物资以三千七百万美元的价格卖给一家公司，再由该公司即刻转卖给英国和法国。”该行动由军械署署长韦森少将全权负责。于是，6月3日起，所有美国陆军的军械库和兵工厂便立即展开行动，开始打包物资并准备装船。该周末，六百多辆装得满满的车向新泽西州的拉里坦陆军码头驶去，再沿河而下到达格雷夫森德湾。6月11日，十二艘英国商船抵达该海湾，从驳船启货装舱。

在将物资援助给英法两国之后，美国留下的武器装备只够一百八十万人用了，这也是美国陆军动员政策预计动员的最少人数。现在这一切看起来很轻松，但在当时，能为一个大部分人都认为注定失败的国家提供这么大规模的物资援助是需要很大勇气的，这也恰恰体现了美国的信义和领袖气质。当然，他们也不用感到后悔。下文我会提到，我们在七月将这批珍贵的武器平安运过大西洋，这批武器不仅充实了我们的物资，更迫使所有人（包括友方和敌方）重新思量眼前的局势。

*　*　*

科德尔·赫尔先生曾在回忆录中提及美国的物资援助：

> 雷诺用近乎乞求的口吻请求增援，于是，总统先生勒令丘吉尔先生派遣空军增援法国，但首相拒绝了。布利特（美国驻法国大使）对此怒不可遏，于是，6月5日，他向总统先生和我表达了他的忧虑。他担心英国是在故意保留空军和海军的实力，以便作为同希特勒媾和的资本。
>
> 然而，总统先生和我却不这么认为。法国已经注定失败，但我们坚信在丘吉尔的英明领导下，英国一定会战斗到底。英国绝不会和德国妥协。6月4日，丘吉尔在下议院发表了慷慨激昂的演说。
>
> 我和总统都相信丘吉尔先生一定不会出尔反尔。倘若我们对此有半点怀疑，我们就不会大费周章地向英国提供物资援助了。如果我们曾有这样的疑虑（认为英国政府在物资尚未运抵之前便会向德国投降），我们就不会向英国提供武器。

*　*　*

6月对我们所有人来说都异常难熬，因为此时我们一无所有，且还要承担双重压力：一方面，我们要努力尽到我们对法国的义务；另一方面，我们要立刻组建一支有效的部队来承担本土防御任务。这两项相互矛盾却又重要的任务让眼下的形势变得十分严峻。然而，由于我们坚定不移地按既定方针行事，并未有任何慌乱。眼下的第一要务便是派遣我们所有训练有素且装备齐全的士兵前往法国，重建英国远征军。随后，我们将全力做好本土防御工作。那么如何进行本土防御呢？我们要坚守下列部署：第一，整编正规军；第二，在敌军可能登

陆的地点构建防御工事；第三，尽可能武装和组织民众；第四，将分散各地的大英帝国军队全部召回国内。眼下，德国正派遣规模较小但机动性很强的坦克部队及伞兵在英国登陆，不断干扰我们的防御部署，这是目前最大的威胁。为此，我和新任陆军大臣安东尼·艾登保持密切联系，忙着商量对策。

在我的指示下，陆军大臣和陆军部制定了整编陆军的具体方针：我们现在已有七个机动旅；我们以最快的速度对从敦刻尔克撤回的各师进行整编，目前已经回到各自的岗位；七个旅已被及时编入重新整编的师；还有十四个师的本土防卫队，队员都在战时经过九个月的严格训练，虽目前装备仍不甚齐全，但其中一个师（第五十二师）已经达到了海外作战的标准；第二个装甲师和四个陆军坦克旅正在组建中，但缺乏坦克；第一加拿大师已经装备齐全。

我们现在缺的不是人，而是武器装备。我们从塞纳河以南的交通线上和基地里收回了八万多支步枪，到了6月中旬，我们将确保正规军人手一件武器。目前，我们急缺野战炮，即便是正规军手中的野战炮也很少。几乎所有新的能发射二十五磅重炮弹的大炮都被我们丢弃在法国，剩下的只有能发射十八磅重炮弹的大炮以及四英寸半和六英寸口径的榴弹炮，共计约五百门。目前我军只有一百零三辆巡逻车，一百三十二辆步兵坦克以及二百五十二辆轻型坦克。步兵坦克中，有五十辆在国内皇家坦克团的一个营中，其余的在培训基地。在面对敌人时，从来没有一个大国像我们一样如此缺乏武器装备。

*　　*　　*

加拿大以及南非的现任政府首脑都是我的老朋友了，我从一开始就与他们保持着紧密联系。

首相致麦肯齐·金：

在敦刻尔克行动中，英国远征军奇迹般的撤离令英国的

形势大有好转。待远征军重新整编后，岛上的军队便足以应对敌军可能发动的任何侵略行为。此次行动也是对英德两国空军实力的一次重大考验。实践证明，德国空军虽在数量上占优，但质量上并不如我们，因此，德国空军在这次行动中付出了至少三倍于我们的代价，且未能阻止我们撤离。从技术上来说，相比于海外作战，英国空军在本土作战时更能发挥出威力。当然，敌军可能会对我们的飞机制造工厂实施轰炸，这是眼下的主要危险。但是只要我们的空防足够强大，敌人在白天便无机可乘，只能在夜间实施轰炸，届时敌军要想准确袭击这些工厂就没那么容易了。因此，我坚信英国有能力继续战斗，有能力保卫英伦三岛及整个大英帝国，也有能力继续实施海上封锁战略。

我不清楚我们是否能说服法国继续战斗。我希望如此，但即便情况再恶劣，我也希望法军能够继续进行大规模的游击战争。我们正在用其他军队来填补远征军的空缺，对远征军重新整编。

我们必须十分谨慎，以防给美国留下英国必将战败的印象，这样，他们便认为可以获得英国的舰队，并充当大英帝国（除去英伦三岛）保护者的角色。倘若美国参战，英国又被局部占领，那么事态肯定会像我说的那样发展。但如果美国继续保持中立，我们也战败了，到时英国领土上势必将建立起亲德政权，届时英国政府会采取什么政策，我们就不得而知了。

虽然罗斯福总统是我们最好的朋友，但到目前为止，美国尚未向我方提供任何实质性的帮助。我们并不指望美国向我方提供军事援助，然而向我方提供驱逐舰和飞机一事目前尚未有任何实质性的进展，就连我们要求派一支特遣舰队前往爱尔兰南部港口的要求都未能满足。此时，若你能够向美方施压，对我们将大有裨益。

对于你方提供的所有帮助以及四艘驱逐舰（现已加入对德潜艇作战），我们万分感激。

1940 年 6 月 5 日

史末资由于远在南非，对于英伦三岛空防问题的最新情况并不了解，因此很自然地按照传统的眼光看待法国的悲剧，认为“应将好钢用在刀刃上”，让我们出动一切力量支援法国。然而，我更了解事实的真相，也听取了空军上将道丁（英国皇家空军战斗司令）的具体意见。只要能和史末资碰面，我只需半小时便能将所有资料摆在史末资面前，同他讲清现在的状况，从而就像我们之前遇到一些重大军事问题时一样，让他与我达成一致意见。

首相致史末资将军：

此刻，我们一方面正竭尽全力从空中打击敌人，另一方面还在尽快整编军队派去支援法国。然而，现在不宜派遣大量战斗机加入法兰西战役，因为一旦空军覆没（现在看来很有可能），我们便无法继续战斗下去。我认为我们有一个更艰难、更长远、更有希望的任务要去执行。在本土抵御德国空袭更有利于发挥我们的空中优势，我们或可击败四倍甚至五倍于我方的空军，这比派空军前往法国作战要划算得多。在法国，我们的空军不仅数量不占优，且只能勉强对抗两倍于我方的空军，因为法国的很多机场并未设防，我们的飞机经常尚未出击，便被击毁在机场。法兰西战役的成败并不取决于我们能否于下个月派遣约二十个战斗机中队连同维修设备前往法国，即便我们倾巢而出，成功拖住敌军，希特勒也会立即调动所有空军，转攻我们没有空防的英国本土，在白天轰炸我们将来用以制造飞机的基地。你之前提到的传统兵法并不适用于现在的情形。目前，只有一条路可行，倘若希特勒向英国发动进攻，我们便力争歼灭德国空军。若果真如此，

待冬天一到，整个欧洲将在德国的铁蹄下奋起反抗，美国在总统选举结束后也可能向德国宣战。

对你之前发来的电报，我万分感激。我勇敢的老朋友，倘若你有任何建议，请与我联系。

1940 年 6 月 9 日

* * *

一直以来，我们都认为援助法国是我们崇高的责任，但前提是，英国最后的二十五个战斗机中队必须留守英国本土。按原计划，第五十二师将于 6 月 7 日前往法国。原先的各项指示都在按部就班地执行中。我们在给军队配备装备时也最先考虑蒙哥马利率领的第三师，待装备完毕后应立即让他率军前往法国。年初时在英国集结的加拿大军主力师装备精良，在征得自治领政府首肯后，原定于 6 月 11 日抵达布雷斯特，但此时看来已基本无望。从挪威撤回的两个法国轻装师，连同从敦刻尔克撤离的所有法国部队和人员都已被送回法国。

在德国即将入侵英国的危急关头，我们还将仅有的两个装备完善的师（第五十二低地师及第一加拿大师）派往节节败退的法国。从我们在开战的前八个月派往法国的部队来看，我们的确做出了很大贡献。现在回想起来，当我们决定誓死奋战时，当面临德国侵略的威胁及法国必将陷落的形势时，我们怎么敢将仅有的装备完善的队伍遣往法国？这肯定是因为我们深知，倘若不能拥有绝对的制海权、制空权或必要的登陆艇，敌军就很难穿越海峡登陆英国。

* * *

目前仍留在法国的英军有索姆河后方的第五十一高地师（该师从马奇诺防线上撤回，毫发未损）、第五十二低地师（正在赶往诺曼底）以及我们缺少坦克营和供给部队的第一（也是唯一一个）装甲师（已

被派往加来)。作为魏刚计划的一部分，第一装甲师在试图横渡索姆河时损失惨重，截至6月1日，已损失三分之二的实力，于是不得不退回塞纳河对岸休整。与此同时，法国各交通线上和基地里的士兵组成了一支混合部队，人称“波曼部队”。该部队由九个临时步兵营构成，主要装备为步枪及少量反坦克武器，既没有运输队也没有通讯队。

法国第十集团军和英国这一分遣队试图坚守索姆河一线。第五十一师独自承担守卫十六英里战线的任务，其余军队的任务也并不轻松。6月4日，第五十一师连同法军的一个师和坦克，向德国在阿布维尔的桥头阵地发动进攻，但并未得手。

6月5日，法兰西战役的最后决战开始了。此时，法军防线上有第二、第三、第四集团军群。第二集团军群负责防卫莱茵河防线和马奇诺防线；第四集团军群负责埃纳河沿岸；第三集团军群则负责埃纳河至索姆河河口一线。其中，第三集团军群由第六、第七和第十集团军（所有在法英军都被编入第十集团军）组成。这条浩浩荡荡的法军防线上现有近一百五十万人（约六十五个师）负责把守，他们要面对的是一百二十四个德国师。敌军也被编成三个集团军群：博克指挥的沿海战区、龙德施泰特指挥的中央战区以及勒布指挥的东方战区。敌军的三个集团军群分别于6月5日、6月9日及6月15日先后发起攻击。6月5日晚，我们得知德军于当天早上向亚眠至拉昂—苏瓦松公路地区约七十英里长的法军防线发起攻击，这也是开战以来规模最大的一次会战。

敦刻尔克撤退过程中，德国装甲师故意保留实力，只待法国战役的最后阶段一到，他们便立即行动。此刻，时机终于到来，德国装甲师迅速向巴黎与海岸之间的法军阵线（这条临时防线此时已濒临崩塌）推进。在这里，我只能谈谈英军参与下的在沿海地区的战役。6月7日，德国再次发动攻击，派出两个装甲师向鲁昂地区推进，意图将法国第十集团军拦腰斩断。此次袭击成功将左侧残留的法国第九军团，包括苏格兰高地师、两个法国步兵师和两个骑兵师同其他部队隔开。此刻，“波曼部队”在三十辆英军坦克的帮助下，试图掩护鲁昂

地区这一缺口。然而，6 月 8 日，他们被逼回塞纳河。当天夜里德军进驻鲁昂，第五十一师和法国第九军团的残余部队被困在鲁昂—迪埃普一线，穷途末路。

我们一直心系第五十一师，唯恐它被敌军逼回勒阿弗尔半岛，这样就和主力部队彻底分开了。该师指挥官福琼少将曾接到指示，应在必要时向鲁昂方向撤退。然此时法军司令部已经乱作一团，他们下令禁止第五十一师向鲁昂撤退。我们曾无数次紧急重申这一请求，但并未起任何作用。法国执意逃避现实，这导致法国第九军团和英国第五十一师覆灭。6 月 9 日，德国已经攻占鲁昂，可我们的部队才刚抵达迪埃普，距南部的鲁昂仍有三十五英里。此时，我们才接到命令要向勒阿弗尔撤退。于是，我们派兵对此次行动实施掩护，但主力部队尚未行动，德军便已经先一步到达。德军从东面进攻，当晚便抵达海岸地区，切断了英军第五十一师及法国第九军主力部队的退路。这是指挥不当所导致的后果，早在三天前，法军司令部就应当预料到这一危险。

6 月 10 日，激战过后，第五十一师连同法国第九军开始退向圣伐勒里外围地区，希望从海上撤退。与此同时，我军在勒阿弗尔半岛上的其他部队正在迅速登船并安全撤离。11 日至 12 日晚，受大雾阻碍，舰只无法从圣伐勒里撤载士兵。12 日早，德军抵达南部的海崖，开始炮袭沙滩。城镇里已经挂起白旗，法军已于上午八点投降，苏格兰第五十一高地师余部也被迫于早上十点半投降。只有一千三百五十名英军将士和九百三十名法军将士得以逃脱，共计八千人落入德军手中。法国未及时让第五十一师退回鲁昂，耽误了时机，导致其最后既无法抵达勒阿弗尔又不能向南撤退，从而不得不和法军一起投降，对此，我十分恼怒。苏格兰高地师的命运悲惨，但随后重新整编的苏格兰高地师（苏格兰人填补了残留部队的空缺，并与第九苏格兰师合并组成新的苏格兰高地师）为他们报了一箭之仇，驰骋沙场，从阿拉曼一直打到莱茵河，直至取得最后的胜利。

此刻，我的脑海里闪现出查尔斯·默里博士在一战时写的几行诗[①]，我想在这里引用一下：

城堡里下了半旗，
地主的挽歌在昨夜唱响，
许许多多独守空房的村妇们
此刻正孤独地望着远方。
为了自由，为了远方，
召集山谷中的人们送往远方，
砍掉邪恶的鹰爪，
将它的羽毛丢进海洋。
镇上的英勇的人们，
离开自己的商铺、庭院和磨坊，
辞别挚友冲向敌人。
老苏格兰仍旧光芒万丈。

* * *

6月11日早上十一时左右，雷诺给我和罗斯福分别发了一封电报。眼下，法国形势直转急下，几天前，我曾要求召开最高军事会议，但见面地点不能再在巴黎了，我们不知道巴黎的形势怎么样了，想必德军的先头部队已经离得很近了。为了这次会面，我下了不少功夫，但现在不是客套的时候，我们必须弄清楚法国的下一步打算。此刻，雷诺告诉我可以在奥尔良附近的布里阿尔和我们会面。法国政府已经从巴黎迁往图尔，法军总司令部也已搬到了布里阿尔附近。雷诺指定了机场，以便我们的飞机降落，对此，我未有任何微词。于是，在早上的内阁会议上征得同僚们的首肯后，我便让人准备了“红鹤”式飞

① 引自《回乡集》。

机，在亨顿机场待命，准备午饭后出发。下午两点左右，我们出发前往法国，临行前我给罗斯福总统发了一封电报。

前海军人员致罗斯福总统：

法国人再一次邀请我前去，这意味着危机已经到来。我准备即刻出发。此时，若你能给予法国任何言论或行动上的帮助，都会令形势大有改观。

此外，爱尔兰也让我们十分忧心。我敢肯定，倘若美国能派一支特遣舰队前往爱尔兰，一定大有裨益。

1940 年 6 月 11 日

* * *

这是我第四次来法国。此行主要是为了商讨军事问题，因此，我让陆军大臣艾登先生和现任帝国总参谋长迪尔将军与我同行，伊斯梅当然也在其中。由于德军的飞机已经渗透至英吉利海峡，因此，我们不得不绕行。和前几次一样，此次飞行由十二架“飓风”式战斗机护航。几小时后，我们在一个小机场降落。很快，一位上校乘汽车赶来。我脸上露出自信的微笑，因为我认为，当事态严峻时更应该保持微笑，但那位上校似乎并不买账，一脸阴郁。这时，我便意识到，自一周前的巴黎会晤后，事情已经变得异常糟糕。过了一会儿，我们被引到一栋别墅里，在那里我们见到了雷诺先生、贝当元帅、魏刚将军、空军上将维耶曼，在场的还有其他一些人，其中包括级别较低的戴高乐将军，他刚被任命为国防部副部长。别墅旁边的铁轨上停着司令部的列车，我们中的一些人便被安置在车厢里过夜。整栋别墅里只有一台电话，电话位于盥洗室内，打电话的人很多，得等很久，讲电话的人声音很大，一直未停。

七点的时候，我们走进会议室，伊斯梅将军负责做会议记录。会上，我只是重申了我的一贯主张，并未有丝毫动摇。整个会议过程中并未出现任何争执。我们只能接受这赤裸裸的现实。现在我们担忧的问题是，英国并不知道德军究竟在何处，因此，我们并不知道德国装甲师会在何时何地发起进攻，他们甚至可能随时袭击英国。整个会议主要围绕下列议题进行讨论。首先，我要求法国政府务必要守住巴黎。我强调道，在面对敌军入侵时，只要全体人民一致抵抗，便会消耗大量敌方兵力。我还跟贝当元帅提起 1918 年英国第五集团军溃败时，我们一起度过的无数个夜晚以及他是如何扭转局势的，我故意没有提到福煦元帅。我还提醒他，克雷孟梭曾这样说过："我会在巴黎前方战斗，在巴黎城中战斗，在巴黎后方战斗。"贝当元帅用冷静而严肃的语气说道："那时我手里有六十多个师，但现在一个也没有。"他的意思是，那时防线上有六十个英国师，即便巴黎被夷为平地，也不会影响最后的战局。

随后，魏刚元帅就他所了解的情况向我们陈述了五六十英里外瞬息万变的战况，其间，他高度赞扬了法国陆军的英勇。他要求发动一切力量增援法军，还强调英国的所有战斗机中队都应当即刻加入战斗。他说："现在已经到了决胜点，是关键时刻，因此英国不应该将战斗机中队留在国内，这是错误的做法。"然而，我们的这项决定是在经过内阁讨论后做出的，在那期间，我还特别邀请道丁空军上将出席讨论。我回道："这并不是决胜点，现在也并非关键时刻。纳粹德国终会对大不列颠发动大规模空战，那才是关键时刻。但届时只要我们牢牢掌握制空权，保持海上交通线的畅通（我们一定会做到的），我们就能替你们报仇。"① 我们一定会不惜一切代价在英国本土保留二十五个战斗机中队，用来保卫不列颠及英吉利海峡，这一点永远不会变。不论发生什么，我们都打算战斗到底，我相信我们有能力无限期地战斗下去，但若没有这些战斗机中队，我们便会灭亡。此刻，我请求让恰好在附近的西北战线总司令乔治将军出席会议，他们马上派人去请了。

不一会儿，乔治将军便到了。在大概了解了之前讨论的内容后，

① 感谢伊斯梅将军记下了这些话。

他证实了魏刚元帅对于法国前线的描述。此刻，我再次提到关于实施游击战的计划。几次交手之后，我们发觉德军并不像他们看起来那么强大。只要所有的法军（每一师、每一旅）都能坚守自己的阵地，尽其所能与敌军战斗，敌军便有可能停止活动。然而，我得到的回复是，眼下形势异常可怕：公路上挤满了难民，德机的机关枪正对这些难民随意扫射；大批居民出逃；政府及军事机构逐渐崩溃。不知什么时候，魏刚将军提出法国可能不得不和德国停战。雷诺立即打断他："这是政治问题。"据伊斯梅记载，我当时是这么说的："倘若为了避免法国陷入无边的痛苦中，法军不得不投降，那就不要因为顾及我们而有任何犹豫，因为不管你们怎么样，我们都会战斗到底，永远，永远战斗下去。"我说，只要法军继续战斗下去（不管在哪里战斗），便能成功牵制或耗尽德国一百个师的兵力。魏刚将军回应道："即便如此，德国仍会调集另外一百个师向英国发动攻击，并征服英国。届时，你们怎么办呢?"我说："我并不是军事专家。但我的军事顾问们认为，抵抗德国侵略的最好办法是趁他们横渡英吉利海峡时将他们淹死在海里，再对爬上岸的剩余部队迎头痛击。"魏刚苦笑道："不管怎么样，我必须承认英吉利海峡确实是一道很好的反坦克屏障。"此后，魏刚再说什么话我就没有注意了。整体讨论的氛围十分凝重，过程中我一直在深深地自责，因为纵然英国有四千八百万人口，却未能在对德陆战方面发挥更大的作用，从而让法国独自遭受了十分之九的人员伤亡以及百分之九十九的损失。

又过了一小时左右，饭菜上桌了，我们起身去洗手，准备就餐。在此期间，我单独找乔治将军说了会儿话，我提出了两点建议：第一，让法军继续在法国本土作战，并在山区发动持续的游击战争；第二，必要时可以向非洲转移（一个星期前，我还认为这种想法具有"失败主义"倾向）。然而，我的这位德高望重的老朋友，虽身上的责任重大，却从未真正独自掌握领导权。他认为我的两个提议都不怎么可行。

对于这些天的状况，我只是轻描淡写了一番，然而真正的痛苦源于内心的折磨。

* * *

十点钟左右，大家就座完毕，开始进餐。雷诺先生坐在我的左手边，我的右手边是戴高乐。桌上有一道汤、一份类似煎蛋卷的东西，还有咖啡和淡酒。即便此刻我们在德国的蹂躏下苦不堪言，但还是一团和气。然而，这一切很快就被一个不和谐的插曲破坏了。想必读者一定还记得，我曾说过，一旦意大利参战，我们便立即向意大利发动猛烈袭击，这一点十分重要。在征得法国同意后，我们将重型轰炸机分队调往马赛附近的法国机场，以便向都灵和米兰发动袭击。现在一切都已准备就绪。我们刚坐下不久，空军中将巴拉特（他负责指挥在法英国空军）便给伊斯梅打来电话，说法国当局反对英国轰炸机从机场起飞，担心此时若向意大利发起攻击，作为报复，意大利可能会向法国南部发动袭击，届时形势将远非英军所能控制。于是，雷诺、魏刚、艾登、迪尔和我离开了餐桌，经过一番商议之后，雷诺同意向法国当局发出指示，不许干扰英国轰炸机行动。晚些时候，空军中将巴拉特又发来报告称，机场附近的法国民众往机场拖来各色农用推车和卡车，阻碍英国轰炸机执行轰炸任务。

离开餐桌后，我们坐下来喝了点咖啡和白兰地。此时，雷诺先生告诉我，贝当元帅通知他说，法国必须要投降了，贝当还写了一份关于投降的声明，让他过目。雷诺说："声明还没交到我手上。他现在还拉不下脸。"雷诺同样应该感到羞愧，因为在他已经笃定法国即将战败并准备投降时，还答应（即便是默许）魏刚的要求，想让英国的最后二十五个战斗机中队增援法国。随后，我们都愤愤地睡觉去了（有的睡在这个一团混乱的别墅里，有的睡在几英里外的军车上）。6 月 14 日，德军占领巴黎。

*　*　*

翌日清晨，会议继续进行。空军中将巴拉特也出席了本次会议。雷诺再次呼吁，要求英国支援五个战斗机中队，魏刚将军也说，现在法国迫切需要轰炸机在白天执行轰炸任务，以弥补兵力的不足。我向他们保证，关于向法国增援空军一事，待我回伦敦后，我会立马召开内阁会议进行仔细商讨。但我也再次强调，若此举导致英国无法维持基本的本土防御，那将是一个致命的错误。

会议快结束时，我明确提出以下几个问题：

1. 难道巴黎市区和郊区的民众不能像1914年那样，或像马德里保卫战中的西班牙民众一样，筑起防线，分散敌军火力并拖住敌军吗？

2. 难道不能组织英法军队越过塞纳河下游地区发动一次反攻吗？

3. 倘若合作在战争时期已经结束，那是不是就意味着我们要分头对抗敌军？能否实行大纵深作战，攻击敌方交通线？敌军在分别和法国陆军和英国交战的同时，能否兼顾并控制已被占领的国家和法国大部分地区呢？

4. 难道就不能再抵抗一段时间，等到美国参战吗？

魏刚将军同意我的第二点看法，但他说没有足够的兵力去实施反攻。他补充道，据他判断，德国有充足的人力、物力来控制已经被征服的国家和法国的大部分地区。雷诺先生也补充道，自开战以来，德国已经组建了五十五个师，制造了四五千辆重型坦克（这当然是夸张说法）。

最后，我郑重地表达了我的期望：倘若局势有变，请立即通知英国政府，我们将在第一时间内与你方会晤（到时候看哪里方便会面），

以便采取下一步行动。

随即，我们与贝当、魏刚以及法国最高统帅部的人员道别，这也是我们最后一次碰面。最后，我把海军上将达尔朗叫到一旁，单独对他说：“达尔朗，一定不要让法国舰队落入敌军手中。”他郑重地向我们保证，这样的事情绝不会发生。

* * *

由于缺乏汽油，十二架“飓风”式战斗机无法护航。眼下，我们有两个选择，要么等天晴再走，要么冒险让“红鹤”单独起飞，不带护航机。我们知道整个飞行过程中都会是多云天气，但我们急着回国，于是“红鹤”单独起飞了。临走时，我们打电话回国，如果可能的话，派护航队到英吉利海峡上空接应我们。飞机快要到达海岸时，天空突然放晴，万里无云。此刻，飞机（只有一架）在八千英尺高空飞行，右下方的勒阿弗尔此刻已是一片火海，烟雾向东边蔓延。我们并未看到新的护航队。不一会儿，我看到有人同机长说了几句，随即我们的飞机便俯冲到距平静的海面约一百英尺的低空，通常在这样的高度是看不见飞机的。到底发生了什么？我后来才知道，当时我们下方有两架德国飞机正朝渔船开火，所幸他们并未朝上看。飞机飞近英国海岸时，我看到了新的护航队，忠诚的“红鹤”平安降落在亨顿机场。

* * *

当天下午五点，我向战时内阁汇报了此行的见闻。

关于法国陆军的处境，我援引了魏刚将军的话。法军日夜奋战了六天，此刻已精疲力竭。敌军的一百二十个师在装甲部队的配合下向法军的四十个师发动攻击，法军被全面压制。面对敌军的装甲部队，法国最高统帅部内部组织开始混乱，上级司令部已经无法指挥下级司

令部，并最终导致瘫痪。法军现已退到最后一条防线上，他们也只有在这条防线上才能组织有效反击。此刻，这条防线上已经有两到三处被敌军突破，倘若这条防线崩溃，魏刚将军便无力继续战斗下去。

显然，魏刚将军已认为法军无法继续战斗下去，贝当元帅也早已笃定要和德国媾和。贝当认为，法国在德国的进攻下正在一步步崩塌，他有责任拯救法国，让其余地区的民众不再遭受痛苦。在此，我提到了贝当写的那份备忘录，他已经交由雷诺过目，但尚未正式交给他。我说："毫无疑问，此刻，贝当是一个危险人物。他一直有失败主义倾向，第一次世界大战时便是如此。"雷诺先生态度则十分坚决，主张继续战斗下去，参会的戴高乐将军也支持继续进行游击战。戴高乐年轻且有活力，给我留下了很好的印象。我认为，若法军的最后防线崩溃，雷诺先生可能会让他接任总司令一职。海军上将达尔朗也声称法国海军绝不会向敌军投降，若真到了万不得已的时刻，他会将舰队送往加拿大，但法国的政客们很有可能会不同意。

很明显，法国的抵抗即将结束，法国战役这一篇也即将告一段落。法国人可能会以其他形式继续斗争。法国甚至可能会出现两个政府，一派主和，另一派主张继续作战，他们可能会在法国殖民地上继续战斗，会调集法国舰队在海上继续战斗，会在法国本土进行游击战。然而，现在说这一切还为时尚早。未来的一段时间内，我们还要继续向法国提供一些援助，但现在我们最好将重心放到本土防御问题上。

第九章
NINE
本 土 防 御

即将到来的危险——“突击部队”问题——杰弗里斯少校的实验基地——“黏性炸弹”——援助戴高乐的自由法国——报界和空袭——德国利用在欧洲夺获的工厂的威胁——中东和印度地区的问题——防御计划的进展——巨大的反坦克障碍和其他措施

将来读到这本书的人应该可以感受到我们此时对未知的困惑。现在回头来看，我们很容易看出当时哪些地方存在疏忽，哪些地方我们又过度焦虑，哪些地方太粗心，哪些地方处理不当。短短两个月内，我们曾两次被震惊到。德军迅速攻占挪威、攻破色当，以及后续的种种都证明了德国手握先发制人的主动权。他们还做了什么准备？做了哪些精打细算的准备和部署？他们会不会在经过周密的规划后，带着新式武器，从任意登陆点登陆（岛上共有十几二十个可以登陆的地点），以不可抵抗之势突然出现在完全未设防的英伦三岛上呢？还是说他们会转攻爱尔兰？一个人就算再神机妙算，但若不做任何准备，也跟傻子没什么区别。

约翰逊博士说：“相信我，当一个人知道自己一个月内就要被绞死的时候，更容易集中精力。”我一直坚信我们会取得胜利，然而形势逼得我喘不过气来，所幸我的想法都得到了实施。于我来说，6 月 6 日是充实忙碌的一天。早上，我躺在床上思考着眼下危急的局势，我向秘书口述了一天的行程，这里面包含了我这一天要做出必要指示的很多问题。

首先，我让军需大臣（赫伯特·莫里森先生）汇报了对付飞机用的火箭及引信等各项设备的研发情况，对此，他们已经取得了一些进

展。紧接着，我又让飞机生产大臣（比弗布鲁克勋爵）报告这一周的自动轰炸瞄准器、低空无线电定向装置和空中截击机设备的研发和生产情况。我之所以这么做是因为我想让两位刚接任这两个庞大部门的大臣意识到，我一直关注着这两个部门。我让海军部临时抽调至少五十名经过训练或部分训练的驾驶员，并将他们派到战斗机司令部。事实上，已经有五十名驾驶员参加过空战。我提议制定一项计划：一旦意大利对我方宣战，我们便立即空袭都灵和米兰。我让陆军部遵循荷兰流亡政府的意愿，将在英国的荷兰军队加以整编，组建一支荷兰旅。与此同时，我让外交大臣发表声明，承认在英国的比利时流亡政府（利奥波德国王被德军俘获，并未加入）是该国的唯一合法政权，同时还让外交部鼓励南斯拉夫动员一切力量对抗意大利。我还做出批示，要在位于纳尔维克地区的巴尔多弗斯和斯卡恩兰机场（这两个机场是我们修建的，但现在已经准备抛弃）埋下定时炸弹，这样敌军便在很长时间内都无法使用这两个机场。我还清楚地记得，1918 年德军曾用此法，在最后撤退时沿铁轨埋下定时炸弹，导致盟军在很长一段时间内不能使用铁轨。唉！可是我们现在没有定时炸弹。鉴于意大利很快便会参战，我对目前停在马耳他港休整的大量舰只感到担忧。我就英国本土伐木并进行木材加工一事，给军需大臣写了一封很长的备忘录，这是减少木材进口的一个重要途径。除此之外，在未来很长的一段时间里，我们都无法从挪威进口大量木材。

战争光靠民兵是打不赢的，因此，我希望重建更多的正规军并扩充陆军。

首相致陆军大臣：

1. 两个星期前就有人告诉我，一旦接到命令，在印度的八个营于四十二天内便可到达英国。然而，尽管命令早已下达，直到 6 月 6 日（也就是今天），这八个营才刚从印度出发。此次航行需绕道好望角，预计于 7 月 25 日才能到达英国。

2. 澳大利亚军正乘大船赶来，但他们好像在开普敦耽搁了一星期。之前曾有人向我保证航行速度可以达到每小时二十海里，但现在的船速只有每小时十八海里。预计他们将于15日到达，是吗？不管怎样，一旦澳大利亚军抵达英国，这些大船应当立即载运本土防卫队（越多越好，最好能运送十二个营的队伍）全速驶往印度。到达印度后，再从印度载运八个正规营，全速驶回英国。最后再运送一批本土防卫队员到印度，具体的调运事宜今后再商谈……我只提一点要求，舰只一定要全速行进。

3. 我们原计划从巴勒斯坦调一批正规军回国，但由于遭到当地政府反对，并未成行，得知此事后，我深表遗憾。韦维尔将军①自然有他的想法，这很正常。然而，开战一年来，由于英国远征军数量有限，难以给法军提供有效的援助，我认为应该尽早建立一支训练有素的军队来弥补我们未对法国尽到的义务。第一次世界大战的头一年内，我们曾派出四十七个师的远征军参与作战，且每个师都由十二个营外加一个先锋营构成，而现在的每个师只有九个营，你是否意识到这一差距？这都是盛行的拖沓疲软的本位主义造成的后果。

4. 为了保存英国远征军的力量，为了从巴勒斯坦抽调八个营的正规军，我一直在等八个印度土著营来填补巴勒斯坦的空缺，然而，这一切的前提是八个印度土著营必须立即出发，但我到现在都没有收到这一行动的具体时间表。此外，我想知道在运输这些军队的过程中能否取道巴士拉和波斯湾？关于上述问题，我至今都未接到任何报告，请立即向我汇报具体的实施方案。

5. 我也做好另外一个打算，一个更直接的办法，即将剩

---

① 英国元帅，曾任中东英军总司令、印度英军总司令以及美英荷澳盟军司令部最高司令。——译者注

余的澳大利亚军全部运回国内（不列颠）。希望你就此事做一个方案出来，标明具体的可行日期。

6. 不要以为我置中东局势于不顾。恰恰相反，我认为我们要更多地依靠印度，还指望印度的军队能源源不断地经由孟买和卡拉奇穿过沙漠前往巴勒斯坦和埃及。到目前为止，印度尚未做出任何值得一提的贡献。第一次大战的前九个月里，英国的所有正规军都来自印度（其数量比现在多得多），有一支印度军队甚至在圣诞节时还在法国战斗。相比于二十五年前，我们现在的效率和速度明显都要低很多，且缺乏动力。我认为，你、劳埃德和艾默里应当带领东部和中东地区摆脱僵局。

1940 年 6 月 6 日

*　　*　　*

此时，所有的英国人都在呕心沥血地工作，举国上下也空前团结。男人和女人们都夜以继日地在工厂的机床上工作，一批人倒下被送回家，另一批人迅速补上。此刻所有男人和许多女人的愿望就是能够拥有一件武器。内阁和政府也精诚合作，这一景象直到现在仍让我们记忆犹新。当时的民众们毫无畏惧，议员们也在议会上很好地表达了他们的心声。我们没有像法国那样遭受德国的蹂躏。只有在面临侵略时，英国人才能拥有如此的干劲，因为英国已经有一千年没有遭受敌人侵略了。很大一部分民众都十分坚决，要么赢得这场战争，要么宁愿去死。此刻，人民群众热情高涨，根本无须任何鼓舞。他们很乐意看到我替他们说出心声，并告诉他们为什么非得下定决心去做或尝试去做眼下的事情。唯一的分歧是有些人想做的事情已经超出他们的能力范围，他们认为只要有激情，便无所不能。

我们已经决定将我们仅有的两个装备精良的师派往法国，因此，我们更有必要做好本土防御工作，防止敌人直接向大不列颠发动袭击。

*　*　*

首相致伊斯梅将军：

我想知道：第一，沿海瞭望哨及炮兵的部署情况；第二，港口及各登陆点的防卫情况（即近陆地区的防御部署）；第三，能即刻支援上述地区战斗的军队情况；第四，机动纵队和旅的情况；第五，一般后备队情况。

应当有人告诉我这些部队的部署情况，还有各地区的可用大炮情况。我曾下令，在五十二辆新坦克（配备装甲和大炮）生产出来以前，应当立即用步兵坦克和巡逻战车来武装第八坦克团。这两个月的军备制造情况如何？新的装备生产出来后应立即送到军队去，不要搁置在仓库。此事由卡尔将军负责，让他向我汇报具体情况。

关于成立突击队一事，本土部队总司令有什么看法？我们对这一想法一直嗤之以鼻，但事实证明，德军在一战时便得益于此，他们在这次战争中之所以取得胜利，突击部队也功不可没。因此，我们应从现有部队中挑选至少两万人组建突击部队（有人说应该叫“豹部队”，但最后还是命名为“哥曼德[①]”），准备对小规模的登陆部队和伞兵发动突袭。我们应当为突击队的将士们配备最先进的武器，包括汤米冲锋枪和手榴弹等，必要时，他们也可以使用摩托车和装甲车。

1940 年 6 月 18 日

*　*　*

艾登于 5 月 13 日向内阁提议，要求组建地方防卫志愿军，这一号

① 英国组建的一支由海军和海军陆战队的精锐部队组成的特种部队，头戴绿色贝雷帽，为世界上第一支独立执行特种作战任务的新型部队。——译者注

召立刻得到了全国各地的广泛响应。

首相致陆军大臣：

请就地方防卫志愿军的募集和武装情况做个简短的说明。组建地方防卫志愿军的目的是为了侦察敌军活动还是正式作战？地方防卫志愿军与警察、军事指挥部和地方长官的关系如何？他们听从谁的指挥，又向谁报告情况呢？若你能写一份报告（不用太长，一两页纸就好）阐明这些问题，我会十分欣慰。

1940 年 6 月 22 日

我一直想将这支部队命名为“国民自卫军”，其实我早在 1939 年 10 月就有此提议。

首相致陆军大臣：

我认为“地方防卫志愿军”这一名称不适合你刚组建的这一支庞大的队伍，“地方”这一词不够响亮，不能鼓舞人心。今天，赫伯特·莫里森先生提议用“民防队”这一名称，但我认为“国民自卫军”更好，更有力量。倘若你也认可我的意见，那就改成“国民自卫军”，不要以已做好臂章等原因而耽搁了此事。

1940 年 6 月 26 日

首相致陆军大臣：

我希望你同意我的意见，将“地方防卫志愿军”改成“国民自卫军”，因为“地方防卫志愿军”容易让人联想到地方政府和地方选择权。昨天巡视的时候，我征询了大家的意见，大家一致赞同我的想法。

1940 年 6 月 27 日

于是，这支部队改名为“国民自卫军”。现在这支庞大的队伍已经有近一百五十万人，我们也逐渐为他们配备了精良的武器，“国防自卫军”的队伍还在不断地壮大。

* * *

这些天来，我最担心的问题是德国坦克可能会在英国登陆。因为，此前我曾想派坦克登陆德国海岸，我担心他们也有同样的想法。我们几乎没有反坦克炮和弹药，甚至连普通的野战炮都没有。我给你们举个例子，你们就知道我们当时是有多么窘迫。我在巡视圣马加里特湾的海滩（靠近多佛尔）时，一位旅长告诉我说，他的部队负责守卫四五英里的海岸线，敌人很有可能在此登陆，然而，整个旅只配备了三门反坦克炮，且每一门只有六发炮弹。他用轻蔑的口气问我，是否可以让手下的士兵们试射一发炮弹，不然他们都不会用。我说不行，因为我们的炮弹不够，只有当敌人十分靠近时才可以开炮。

因此，再这样下去已不是办法，我们必须另辟蹊径。为了防止本位主义阻碍新观念和新发明，我决定以国防大臣的身份亲自领导杰弗里斯少校在怀特丘奇建立的实验基地。1939 年，我曾与他一起参与研究漂浮水雷，在与他共事的过程中，我受益匪浅。杰弗里斯总是有一些别出心裁的想法，他的发明成果在整个二战期间都起了重要作用。林德曼也擅长发明并与我们俩保持密切联系。他们的想法配上我的权力，产生了很好的化学反应。此刻，杰弗里斯少校一伙人正在研发一种可以对付坦克的手榴弹，人们可以从窗户向坦克投掷这种手榴弹，且能粘在坦克上，待烈性炸药在坦克装甲上爆炸，便会产生很好的效果。我的脑海中已经浮现出一幅画面，无私的士兵和群众，拿着手榴弹跑到坦克附近，将手榴弹粘到坦克上，即便搭上性命也在所不惜。肯定会有很多人这么做。我们还可以将炸弹绑在棍子上，少放点炸药，再用来福枪打出去。

*　*　*

首相致伊斯梅将军：

眼下最重要的事情是研发一种可以用来福枪（类似枪榴弹）或反坦克步枪（类似迫击炮）打出去的反坦克投射炮。或许我们可以将“黏性炸弹”运用到来福枪上，不管行不行，我们现在要做的就是研发出一种可以用反坦克步枪或普通步枪发射的炮弹。

1940 年 6 月 6 日

这件事我催得很急。

首相致伊斯梅将军：

是谁负责“黏性炸弹”的生产？我听说生产工作已经严重滞后。让卡尔将军今天向我汇报具体情况，我想知道问题是从哪一天开始出现的，让他就此事给我一份报告（一页纸就行）。

每天都要盯紧炸弹的生产进度，每三天向我汇报一次。

1940 年 6 月 16 日

首相致伊斯梅将军：

前些日子我提到过“黏性炸弹”。我说要为生产工作做好一切准备，才不会耽误将来的测试工作。给我一张日程表，我要看看如此紧急的一件事情为什么会出现耽搁。

1940 年 6 月 24 日

首相致伊斯梅将军：

我知道该手榴弹的设计有几处缺陷，测试时，它不能粘附布满灰尘和泥土的坦克。这没关系，我们可以采用更具黏性的材料，具体的就交给杰弗里斯少校去做了。

对于那些曾经拖拖拉拉，现在又嘲笑炸弹试验失败的官员们，我十分痛恨。

1940 年 6 月 24 日

最后，我想说，“黏性炸弹”被公认为最好的应急武器之一。在本土防御时，我们并没有用到，但它在普遍处于原始状态的叙利亚战场上大放异彩。

*　　*　　*

显然，我们应当尽我们所能地帮助戴高乐将军重建法国军队，因为他才是能够代表法国的领袖。

首相致海军大臣及陆军、空军大臣：

1. 目前，爱恩特里营有一万三千六百名法国海军将士，特伦特姆公园和阿罗公园分别有五千五百三十名和一千九百名法国将士，布拉克普尔还有一支小分队，我们应当立即用我们手中的法国舰只将这些法国将士遣送回法国领地——摩洛哥。

2. 告诉他们，我们之所以将把他们送回法属非洲领地，是因为现在所有较大的法国港口都已被德军控制，至于他们回去后该何去何从，法国政府会做出安排。

3. 倘若有人愿意继续留在这里对抗德军，必须立即说明。我们应当照顾到每个人的意愿。运输行动明天就将准备就绪。士兵们应当跟从原来的长官，带上自己的武器，但尽量少带些弹药。至于他们的军饷安排，我们会接手从纳尔维克开来的舰只上的法国物资，以及“伦巴第”号和其他舰只

上的弹药来作为对英国的报答，补偿我们所付出的辛劳。

4. 应当悉心照料法国伤员。如有可能，应将那些仍能经受长途运输的伤员们直接运回法国。具体运到哪里，我们应当问问法国政府做何安排。倘若要求运往法国的大港口，法国应事先同德国进行商议，确保舰只安全进港，不然的话，我们就把他们送往卡萨布兰卡。那些伤情较重的士兵们应当继续留在英国，由我们照顾。

5. 除了上述自愿留下的将士外，一定还会有人慕名而来，要求继续战斗。对于这些人，我们也应当充分尊重他们的意愿，问清楚他们是想回到法国，还是想加入戴高乐将军的队伍。我们也应告诉戴高乐将军我们的决定，并帮助他整编军队。我本打算让戴高乐发表演说来鼓舞已经组建好的军队，但后来我又放弃了这一念头，因为他们的士气败落得太快。

1940 年 6 月 27 日

我原希望英国陆军能够迅速恢复战斗力，但此刻，他们忙于在自己负责的海边区域内构筑防御工事，因此我的愿望从一开始便落空了。

首相致陆军大臣：

有一点让我感到惊讶，现在只有五万七千人（平民）投入到防御工事的建设中去。我担心我们投入太多士兵到此项工作中了。现阶段，我们的军队每天应至少训练八个小时，且每天早晨都应该进行一次阅兵。这些必要的劳役工作应当让百姓去做，我在巡视东安格里亚时发现，竟然没有一个营在操练。旅中的作战部队既不能用于防守薄弱地区，也不能用来构筑防御工事。我明白，想要改变目前的形势不能一蹴而就，但我希望你能拿出具体方案并尽快付诸实施。

1940 年 6 月 25 日

*　*　*

首相致新闻大臣：

让报界和广播电台用冷静的语气报道空袭，这样民众便会越来越淡忘此事。不要大幅报道，不要使用显眼的标题，也不要公布遭受空袭的具体地点，如无特殊情况也不要刊登房屋倒塌的画面，除非那些照片可以证明安德森掩蔽所①的确能起到作用。人们应当把空袭当成家常便饭。我们要清楚的是，一次空袭影响的只是小部分人，绝大部分群众都是平安无事的，如果空袭不是发生在自己头上，很多人都不会感到恐惧。所有人都要对空袭和防空警报习以为常，把它们当作是雷雨就好了。请将我的想法告知报界权威人士，让他们帮忙。如果你说服不了他们，那我就亲自会见报业经营者协会的人，但我希望你能处理好。迄今为止，关于这件事情，报界做得很好。

1940 年 6 月 26 日

首相致陆军大臣：

附件是从印度运送军队的日程表，看了之后，我迫切地想知道你打算怎么安排这八个精锐的正规营。很显然，他们会提高你的突击部队的实力。有人建议把他们编成两个步兵师，每一师再加上五个精锐的本土防卫队营，共计十八个营。我们是否也应从中抽出部分军官和士官来提高本土防卫营的实力呢？这样的话，你很快就有六个步兵旅了。哎，我担心相比之下，炮兵的人数会显得严重不足，但我坚信这种状况

① 安德森掩蔽所，第二次世界大战初期在英国建造的家庭防空洞，因由英国内务大臣约翰·安德森倡议，故名安德森掩蔽所。——译者注

很快将会得到改观。

1940 年 6 月 27 日

*　　*　　*

关于和谈的谣言越来越猖獗，梵蒂冈也派伯尔尼送来一封信，我觉得有必要把下面的备忘录交给外交大臣：

我想让罗马教廷大使明白，我们不想同希特勒媾和，因此也不关心媾和的条件，我们所有的外交官都不能有这种念头。

1940 年 6 月 28 日

但是下面这封信显露出我们当时的不安。

首相致林德曼教授：

当我们正在加紧为掌握制空权做准备时，德国一定也在组织被占领国家的各个工厂制造飞机和其他军需设备来对付我们。因此，这是一场竞赛。当然，现在这些被占领国家的工厂不可能马上投入生产，与此同时，随着我们陆军实力的增强，我们的防御也越来越完善，我们或可抵抗德军侵略。但倘若我们不炸毁德国新占领的这些工厂，明年会是什么景象呢？到时候我们和德军的产量差距一定十分明显。德军很快便会从法国战役中抽身，不用再和法军作战，这样他们就能调动空军等一切手段向我方发起进攻。难道我们还不清楚德国的力量有多么强大？敌军何时会向我们发起进攻？现在情况紧急，我认为德国可能在三个月内便会发动进攻，那么到了 1941 年，我们又当如何应对呢？要想扭转当前的被动局势，唯有寄希望于美国的大量援助。

1940 年 6 月 29 日

*　*　*

6月快要结束了，我们感觉德国的侵略也迫在眉睫。

首相致伊斯梅将军：

我们应当研究海军部制定的潮汐预报表、月光以及恒伯河、泰晤士河口和滩头堡的情况，以确定什么时候适宜海上登陆。此外，我们应当问问海军部的意见。

1940年6月30日

参谋长委员会一直担心敌军会从爱尔兰登陆或空投伞兵。但我们人力物力有限，难以进行大规模的军事调动。

首相致伊斯梅将军：

我们仅有两个装备完整的师，在这个节骨眼上，调走任何一个都有风险。此外，我不知道倘若在爱尔兰作战，是否也要像陆战一样派遣整个师的大规模部队和车辆参战？有人告诉我，即便提前部署妥当，从英国运送一个师到爱尔兰也要花费十天的时间。这显然不行，我们应当做好安排，一接到前方通知便立即派两到三个轻装旅前往北爱尔兰，争取在三天内到达。我们应当先将备用的运输工具运过去。没有必要派大规模的炮兵前往爱尔兰，因为海军不会在那里登陆，敌人的伞兵也不能携带大量大炮。总之，爱尔兰无关紧要，我们没有必要为爱尔兰担忧。

1940年6月30日

关于从巴勒斯坦运送军队回国一事，我与我的两个老朋友，印度与缅甸事务大臣艾默里先生和殖民地事务大臣劳埃德勋爵意见不一，

劳埃德勋爵具有强烈的反犹太亲阿拉伯倾向，而我却想把殖民地上的犹太人武装起来。关于印度该扮演的角色问题，印度与缅甸事务大臣艾默里先生与我的意见相悖。我希望立即将印度军队派往巴勒斯坦和中东地区作战，但总督和印度事务部则倾向于依靠印度的军需工厂，不断扩充自己的军需装备，从而建立一支强大的印度军团。

*　　*　　*

首相致印度与缅甸事务大臣：

1. 现在，印度已经有大量的军队，但却没有为战争贡献什么力量。印度此时的贡献远不如第一次世界大战时……我认为战争很有可能会蔓延到中东地区，伊拉克、巴勒斯坦和埃及的气候很适合印度部队作战。我建议把他们编成旅，按照英国的新编制，给每个旅配备一定比例的炮兵。我希望到今年冬天便组建六到八个这样的旅，这其中应该包括一部分廓尔喀旅①。

2. 从印度运送正规军回英国的计划必须继续推进，这当中有些延迟，英国的本土防卫队到达印度的时间要比原定计划迟两周，对此，我很遗憾。让总督放心，一切都在掌握中。

1940 年 6 月 22 日

*　　*　　*

首相致殖民地事务大臣：

你们的政策是错误的，这导致你们不得不派大量军队驻守在巴勒斯坦：

---

① 即廓尔喀雇佣兵，世界闻名的外籍雇佣兵团之一。以纪律严明和英勇善战闻名于世，而且对雇主非常忠诚。——译者注

六个步兵营

九个义勇骑兵团

八个澳大利亚步兵营

总数超过两万人，而这些军队恰好是我们急缺的。这是我们为这些年来实行反犹太政策所付出的代价。倘若战火蔓延到埃及，那么这些军队不得不从巴勒斯坦撤出，届时，这些犹太殖民地将会是很大的威胁。事实上，我也清楚，到时候你们肯定不愿意让这些部队撤离，即便这其中有我们最精良的部队，我们也迫切需要这批部队。但如果我们能将这些犹太人武装起来，我们在巴勒斯坦的驻军便得以抽身，我们也不用担心犹太人会袭击阿拉伯人，因为他们将完全依附于我们，且必须依靠我们手中的制海权。当我们都在拼命战斗时，这支庞大的军队竟因为部分保守党人的缘故只能驻守在原地，我认为这十分可耻。

我本希望你能从大局着想，尽快将巴勒斯坦的英国驻军调出。因此，我对你的答复很不满意，我完全不赞同你所说的，在近东和印度的阿拉伯人的感情会受到伤害。而且，现在我们与土耳其人的关系很融洽，形势也就更加稳定了，不会出现你说的那种情况。

1940 年 6 月 28 日

*　　*　　*

一百二十五年来，狭窄的英吉利海峡对面第一次出现了这么强大的敌人。此刻，我们应对已经整编好的正规军，以及数量庞大但素质略差的本土防卫队加以整编，以构建完善的防御系统，待敌人一来，便将他们歼灭，因为我们是逃不掉的。这对双方来说都是孤注一掷。国民自卫军已经可以成为整个防御系统的一部分。6 月 25 日，本土部队总司令艾恩赛德将防御计划移交总参谋长。相关专家和我已经仔细检查过这份计划，大体上可行。这份关于未来的蓝图主要包括以下三点：第一，在敌军可能登陆的海滩修建“覆盖式”战壕，一旦敌人入侵，守军便可就地作战，另外，后方的机动预备部队也应立即增援，组织反击；第二，沿英国东部中心区域修建一条反坦克障碍线，由国民自卫军负责把守，用来保护伦敦和大的工业中心，以免受到敌军装甲车的侵袭；第三，在反坦克障碍线后方部署主力后备军，用以发动大反攻。

随着时间的推移，我们又对这一原始计划加以增补和修改，但大体未变。所有部队在遭受攻击时应固守据点，保持线型防势，进行全方位防御，剩余部队应迅速赶来支援，歼灭来自海上和空中的敌人。倘若敌军切断了我军的后方援助，士兵们也不能仅仅待在原地不动。我们已经做好部署，届时我军将从敌人后方行动，干扰敌方交通线，破坏他们的物资。一年后，苏联人在对抗德国的入侵时就是这么做的，且成效显著。对于眼下采取的大量举措，相信很多人一定感到迷惑不解。但他们可以理解在海滩上拉铁丝网、埋地雷，在狭路上设置反坦克障碍，在十字路口建立碉堡，可以理解别人闯入自己的住宅并在阁楼里堆满沙袋，在高尔夫球场上或最肥沃的土地和花园里修筑宽阔的反坦克壕。以上所有行动给他们带来的不便，他们都能接受。但有的时候他们一定会有所困惑，所有的这些行动背后是否有一个总的规划，还是只是少部分人在滥用职权（内阁最新获得的支配公民财产的权利）？

然而，我们是有一个周密、协调和全面的总方针的。随着时间的推移，这一方针也在不断地完善：整个方针由位于伦敦的总司令部全权负责。大不列颠及北爱尔兰联合王国被分为七个区，每一个区都有一个司令部，每个司令部麾下又有各个军和师辖区。各级辖区都应当派少量军队驻守并配备一定比例的机动后备队。慢慢地，海岸后方将会逐渐建立起师、军、司令部三级防线，整条防线绵延一百多英里。该防线背后还有一条沿南英格兰往北，一直到诺丁汉郡境内的反坦克障碍物防线。最后，还剩下本土部队司令部直接领导的后备队。这便是我们的总方针，即预留尽可能多的机动部队。

当然，我说的只是总的方针，具体地区仍需具体对待。东部和南部海岸的各港口都是重点保护对象。敌人应当不可能向这些重兵把守的港口发动正面袭击，这些据点已经相当坚固，我们已经做好部署，可以从空中和海上对这些港口进行防御。让我惊讶的是，英国国内各军事部门普遍认为应在各港口积极设防，然而新加坡的历任高级军官却没有照做。但这都是后来的事了。英国数千平方英里的土地上设置了各种各样的障碍，用以防止德国空运部队登陆。所有的飞机场、雷达站和贮油库（1940 年夏天时就已多达三百七十五个）都需要特别守军和他们自己的飞行人员重点保护。数千个“薄弱地点”——类似桥梁、发电站、仓库、重要的工厂等地方都需要守军日夜把守，以防遭到敌人的突然袭击。我们已经做好准备，一旦某些地区被敌人攻占，我们便立即销毁可能对敌人有用的物资。我们已做好详细规划，倘若我们难以抵挡敌军入侵，我们会趁还有能力时破坏港口设施，炸毁交通干道，让汽车运输、通讯站、铁道和所有车辆陷入瘫痪。这些预防措施是明智且很有必要的（在此过程中民政部门曾给予军事部门很大的帮助），但这并不是所谓的“焦土政策①”，因为我们的目的并不是毁灭英格兰，而是要保卫英格兰。

① 军事上来说，焦土政策是一种军事战略，此战略包括当敌人进入或撤出某处时破坏任何可能对敌人有用的东西。——译者注

附 录

首相的私人备忘录和电报

1940 年 5 月

首相致梅伊斯将军并转发相关人员：

人们一直认为近炸引信以及一定数量的火箭发射器是保护舰船的重要武器。不过，为了保护飞机制造厂以及其他重要的目标，需要更多的近炸引信和火箭发射器，其中一部分需求十分急迫。针对这样的情况，我们要采取什么措施呢？希望我们明日能拟定计划，为开展生产做好必要的准备。是否需要修改发射器的设计图呢？对于此事，海军军械司司长可在舰船方面提供援助，但要注意不能影响对易受攻击的海岸地区的补给。希望你能于明晚向我汇报针对该生产所需的安排与措施。

1940 年 5 月 18 日

首相致殖民地事务大臣：

我完全同意你对韦奇伍德提出的问题而作的回复；我不愿意将征募的犹太部队用于巴勒斯坦以外的地区作战。目前，我们在巴勒斯坦地区的主要甚至唯一目标就是：从被困在巴勒斯坦的精锐正规部队中调出十一个营。之所以这样做，是因为犹太人必须要保护自己、武装自己，我们必须要迅速地将他们组织起来。我们可以调动海军力量或者采取其他温和的方法，避免犹太人与阿拉伯人正面冲突。由于我们的军队需早日撤离，在此之前，我们要帮助犹太人做好准备。

1940 年 5 月 23 日

首相致飞机生产大臣：

若你能与林德曼商定出近期和将来的飞机产量，我将感激不尽。长期以来，我一直认为空军部并没有按需足量地提供飞机；林德曼正在为我向空军部索要所有的飞机分配数据，以查明这些飞机的用途。

最为重要的一点是，所有储存以及备用的飞机不但要随时待命，而且要连同其飞行员一起被编成中队。战火将至，我们必须准备更多的飞机，就如你建议的，甚至连教练机和民航机也要用上，用这些飞机运送炸弹，摧毁敌人分布在荷兰、比利时和法国沿海地区的机场。我要知道飞机出厂的和使用的全部数据，希望你能每周给我最新的数据。

1940 年 5 月 24 日

首相致林德曼教授：

希望你就坦克的情况，列一份单页的报告给我。报告内容应包含：我们已经向陆军提供了多少坦克；各种坦克每个月的产量有多少；制造厂的存货量还有多少；预计还能生产多少坦克；计划生产多少重型坦克。

注：我们现在的作战方式以及坦克能摧毁防御工事的事实，将影响“六号耕地机”制造计划的进程，所以我们很可能不用生产太多坦克。

1940 年 5 月 24 日

首相致爱德华·布里奇斯爵士：

第一，我认为大臣部长们必须出席的各类委员会太多了，并且这些委员会的讨论并没有得到很好的结果。解决这个问题的办法应是精

简机构或者合并机构。第二，内阁苦于越来越多的报表，所以应尽量减少报表的数目。请内阁办公厅工作人员针对这两项简化工作做出相应的提议。

1940 年 5 月 24 日

首相致空军大臣：

你在今日的公报里，用几个例子说明了“不能作战”和“已毁”敌机的区别。两者之间真的有区别吗？还是说这仅仅是为了避免文字重复？如果是为了避免文字重复，那就有悖英文的权威解释了。词达其意比词的音律更重要。

你认为天气晴朗还是多云时适合在比利时海岸作战，也请于今日做出报告。

1940 年 5 月 27 日

首相致伊斯梅将军及帝国总参谋长：

由于战况有变，“六号耕地机”已经不能发挥它的决定性作用了。或许它可以在几次进攻和防御行动中发挥作用，但是“六号耕地机”已经不是突破敌人要塞防线的唯一利器了。我建议，今日就可指示军需大臣将“耕地机”制造计划的工作量缩减一半。过几天或许可以将其缩减至四分之一，这还需要视最新情况而定。节省下来的资源可以投入坦克生产中。如果德国可以在九个月内制造出坦克，那么我们也一定可以。敌人可能于 1941 年起就投入使用经改良的坦克，为了对抗敌人的坦克，请你把优先制造一千辆坦克的总方案交给我。

如果反坦克委员会尚未成立，那么现在我们就要开始着手准备成立了，以便研究和设计用于对付德国新式坦克的各种武器。请你适时将委员会的拟定名单交给我。

1940 年 5 月 29 日